芮彩琴——著

关键能力

儿童专注力训练手记

中国工人出版社

图书在版编目（CIP）数据

关键能力：儿童专注力训练手记 / 芮彩琴著.
—北京：中国工人出版社，2021.4
ISBN 978-7-5008-7637-3

Ⅰ. ①关… Ⅱ. ①芮… Ⅲ. ①注意—能力培养—儿童教育—家庭教育
Ⅳ. ①G781

中国版本图书馆CIP数据核字（2021）第062115号

关键能力：儿童专注力训练手记

出 版 人	王娇萍
责任编辑	孟 阳
责任印制	栾征宇
出版发行	中国工人出版社
地 址	北京市东城区鼓楼外大街45号 邮编：100120
网 址	http://www.wp-china.com
电 话	（010）62005043（总编室） （010）62005039（印制管理中心）
发行热线	（010）62005996 82029051
经 销	各地书店
印 刷	三河市万龙印装有限公司
开 本	880毫米×1230毫米 1/32
印 张	6.25
字 数	120千字
版 次	2021年5月第1版 2021年5月第1次印刷
定 价	49.00元

本书如有破损、缺页、装订错误，请与本社印制管理中心联系更换

目录
Contents

自　序

20 年，我训练了上万名孩子

提笔写作本书时，一个个鲜活的面孔便跃入我的脑海。

那是一张张充满稚气，时而又显露出迷茫与沮丧的孩子的脸。经过专业训练，他们脸上的表情有了变化，阳光、自信、开朗的感觉浮现出来……

那是一张张被焦虑笼罩的父母的脸。为了孩子的学习成绩，为了孩子的行为表现，他们操碎了心。经过专业训练，心结渐渐打开，笑意写在脸上。

20 多年来，我和我的团队给上万名孩子做过专注力训练，亲历了他们成长的过程。从“问题儿童”到正常成长，从平凡到优秀，从优秀到卓越。恕我有点自傲，我觉得孩子和父母那一张张笑脸，是对我生命价值做出肯定评价的一枚枚“勋章”。

“授人玫瑰，手有余香”，我真切地体会到这句话的深刻内涵。

曾经的我，是一家三甲医院儿童保健科的医生，矫治儿童、青少年注意障碍是我的专职工作，也是我的研究兴趣。我在长期的工作实践中发现，真正处于注意障碍状态的孩子还是少数，更多的孩子处于注意障碍与正常状态之间的“灰色地带”。他们不是病人，用不着去医院治疗，也不应该去医院治疗，但他们有一堆现实的问题需要解决，比如说学习问题、行为问题、认知问题……这些问题躲不开、绕不过，且亟待解决，还把父母搞得心急如焚、灰头土脸。

还有一个现象值得关注，专注力训练不再只是针对专注力存在问题的人群，高水平专业人群（如宇航员、天才少年）同样需要训练专注力，那是他们走向卓越的必备阶梯。

于是，我萌生了一个梦想：构建全生态、全方位、全链条的儿童、青少年专注力培养与训练科学体系——生理、心理、家庭教育三位一体的培养训练模式。为了这个梦想，我与美国哈佛大学教授、世界专注力研究顶级大师爱德华·哈洛韦尔（Edward M. Hallowell）、欧洲生物反馈协会秘书长马克·史华兹（Mark Schwarts）教授以及国内多名一线脑科学专家进行对话，向他们请教，与他们交流心得感受。我和中科院心理研究所相关学者以及国内多所大学教育学院建立起紧密的合作关系，还组建了一支包括 10 多位医学、心理学专业人员的精干团队。

十年磨一剑。如今，儿童、青少年专注力培养与训练体系，即生理、心理、家庭教育三位一体模式已初具雏形，包括儿童和青少年专注力测评系统、神经生物反馈训练系统、个性化认知训练系统、游戏化心理训练系统、针对性家庭教育系统。这一模式的五个子系统全面实现网络化操作。

十年的研究和实践证明，在儿童、青少年专注力训练体系中，科学的、有针对性的家庭教育具有无可替代的重要作用。有些家长天真地认为，为了孩子我不在乎花钱，请最好的专家，用最好的设备，一切就万事大吉了。这种想法大错特错！孩子的培养是一项系统工程，家庭教育是其中的一个必要环节。如果家长无所作为，训练效果可能会锐减；如果家长错误作为，训练可能就见不到什么效果，有时还会出现负面影响。每当成功训练好一个孩子，家长向我表达谢意时，我都会说："成功的功劳有我的一半，也有你的一半，这是我们共同努力的结果。"每当训练进展不顺利的时候，我也会对家长说："我要检讨我做的工作，你也要检讨该你做的那些事，我们共同检讨，找出问题，训练才能出效果，你期待的场景才会出现。"

为了推广我的理念，我写了两本家庭教育读物《孩子分心这样教：提升专注力提高成绩父母全攻略》《孩子受益一生的专注力训练》，这两本书很受欢迎，也很畅销。我在50多家互联网平台上讲课，在学校里与学生、家长交流有上千场之多。2020 年初，我和中国工人出版社的编辑在深入交流中达成共识，要写一本以鲜活案例为主体的书：剖析我亲历的典型案例，贴近家长朋友的重大关切，告诉他们有关专注力训练的理念、过程、技术细节，甚至可以让他们以“对号入座”的方式解决自家孩子的问题。

现在，《关键能力：儿童专注力训练手记》正式出版了。书中有事实、有真相，说的可能就是发生在你们家的事；书中有观点、有感受，那是我 20 年职业生涯的心血；书中有理论、有实操，让你读后用得上，见效果。书中说的不仅是大实话，也是大白话，用你完全听得懂的语言，讲述你可能不知道的事。

好了，让我们一起带着问题而来，奔着解决问题而去，实现共同的愿景——让平凡的孩子更优秀，让优秀的孩子更卓越。

第一篇

细说专注力

专注力是一种学习力和竞争力

如果一个孩子智力正常，学习成绩不佳，大概率的原因是专注力不足；如果一个孩子多动好动，冲动鲁莽，行为不符合常规，深层次的根源也在专注力上。专注力是一种基础能力、关键能力。这是科学研究的结论，也是我从事专注力训练工作多年后的体会。

专注力真的有这么重要吗?

1. 专注力的功能与价值

人类的任何心理活动，必须要有“注意”的参加，才能顺利进行，取得预期的效果。这与注意的两个基本特征有关：指向性与集中性。

注意的指向性是指心理活动对客观事物的选择。活动的顺利完成，首先取决于你选择什么样的客观事物作为感知的对象。

一个小学生坐在教室里。老师正在讲课，黑板上写着知识点，窗外有只小鸟在啼叫，走廊里传来脚步声，邻座同学书桌上放了一个新颖的文具盒，旁边的同学咳嗽了一声，教室的墙上挂了一幅新画……

如果这个孩子把自己的注意指向于小鸟的啼叫声、走廊里的脚步声、邻座同学书桌上那个新颖的文具盒……他能学到知识吗？当然不能！

如果这个孩子既听老师讲课，又看黑板上的知识点，也关心小鸟的啼叫声、走廊里的脚步声、邻座同学书桌上那个新颖的文具盒……他的学习成绩能好吗？也不能！

如果这个孩子只把注意指向于老师的讲课、黑板上的知识点，无视小鸟的啼叫声、走廊里的脚步声、邻座同学书桌上那个新颖的文具盒……他的学习成绩能不好吗？答案没有悬念。

同样是坐在课堂上，同样是一节课40分钟，孩子注意选择的对象不同，自然听课的质量也不同，成绩就不同。

注意的集中性是指心理活动在特定方向上的保持与深入，确保对所指向对象反映的清晰性、鲜明性与完整性。能够将自己的注意指向于老师、黑板这些与学习活动有关的客观事物的学生，可以取得一般性的学习成绩。那些成绩优异的学霸，一定是那些心无旁骛、全神贯注于学习活动中的孩子。学霸学习时的状态像和尚“入定”一般，除了当前的学习任务，对其他任何事物都视而不见、听而不闻。

注意的指向性与集中性这两大特征决定了注意具有三个无可替代的功能。

选择功能。它使心理活动选择最有意义的、符合需要并与当前活动任务一致的各种刺激，避开并抑制无关刺激，从而保证心理活动的方向性与有效性，并以最小的精力完成最重要的任务。设想一个场景：你一个人在一条宽阔的道路上开车，心里正想着工作上的一件事。突然有一个行人在你的前方横穿马路，你是继续想工作，还是迅速做出应急反应？当然是后者，要不然会出大事。在这一时刻，工作与交通安全相比，显然不那么重要了。

保持功能。注意不仅使心理活动有选择地指向于一定的对象，而且能使心理活动维持在这个对象上，直至完成活动、达到目的，而且不被无关内容干扰、诱惑。我们都听过一些科学家的故事，如牛顿煮鸡蛋时把手表放了进去，陈景润走路撞到树还说“对不起”。他们傻吗？显然并不是，只是他们的注意力完全贯注于工作之中了，绝佳的保持功能，是他们成功的心理条件之一。

调节和监督功能。注意可以控制心理活动向特定的方向或目标进行，也能根据活动的需要随时调节心理活动。这样既有利于心理活动顺利有效地进行，也有利于对活动及时进行调整与矫正。假如这一功能缺失，这个人将不知道自己应该干什么、干得对不对，鲁莽荒唐的行为就可能会出现。大家都看过喝醉酒“断片”的人吧，那是由于过量酒精导致大脑意识失去控制，自己当时做了什么事后一点都回想不起来。对于孩子来说，这一功能缺失最常见的表现就是一系列的多动与冲动行为。

正因为注意有这些功能，几乎所有的教育家都充分肯定专注力的重要作用。俄罗斯教育家乌申斯基说：“注意就是那扇门，一切进入心灵的东西都必须通过这扇门。”我国古代思想家、教育家孟子曾以下棋为例，形象地说明了专注的重要性。他说：“如果请一个围棋高手教两个学生下棋，一个学生专心致志，另一个学生却想着有一只天鹅快要飞来，想去拿弓箭射它。那么后者的学习成果一定不如前者，这不是因为他们智力上有什么差异，而是他们专注的程度不同所致。”

也正是因为注意的这些功能，它对学生的学习活动起到至关重要的作用。有人说过，专注力就是学习力，就是竞争力。

2. 专注是一种能力

其实，老师和家长对有些孩子不专注的行为表现早有觉察，对这种行为的后果也十分清楚。要说他们对孩子的不专注行为没有进行过教育与帮助，那肯定是“冤假错案”，他们没少在这一方面下功夫。可无论怎么动之以情、晓之以理、导之以行，总是收效甚微，也许短期内有所改善，然而过了这一阵又退步了。这些孩子不专注的内在根源是在生理上或者心理上。缺乏生理与心理上的干预，问题永远不可能得到真正的解决。

先来说说生理上的不专注。

我团队的一个成员曾经在美国做过两年的儿童专注力研究，他遇到过这样一个孩子，他上课手脚总是动个不停。老师对他说："你的手脚不要总是在动，你要做个好孩子。"这孩子回答道："老师，我想做个好孩子，可我的手和脚不是'好孩子'，它们不听我的话。"

这个孩子在不经意间揭示出事实真相——他们是"不能"而非"不愿"做个好孩子。"不能"与"不愿"有着本质的区别：一个是能力问题，一个是态度问题。每个人参加考试都想答对每一道题，可到最后还是有不少错误，这是我们的本意吗？当然不是！是知识与能力方面有所欠缺。一般性的教育可以解决态度问题，但不能解决能力问题，这也就是老师和家长使用的招数收效甚微的原因所在。

从 20 世纪开始，科学家们在经过长期的探索之后，终于认识到容易分心的孩子的种种行为表现不是故意调皮捣蛋，他们也不是天生的坏孩子，而是大脑功能方面有所不足。1902 年，一位名叫乔治·斯蒂尔（George Steele）的英国儿科医生在皇家医师协会的演讲中描述了一批难以管束的儿童——他们不守规矩、不受拘束、具有破坏性、不诚实、不听话。但他认为这些孩子的问题并非来自不当的家庭教育，而是有生理方面的原因，或者是他们在出生的时候脑部受过伤害。

有了这样的结论，科学家们开始将生物学模式引入专注力缺失的矫治中。现在，科学家们可以利用脑电图、CT（电子计算机断层扫描）、核磁共振、正电子发射计算机断层扫描和脑血流测定等技术手段，来诊断哪些孩子是注意缺陷与多动障碍儿童。同时，也可以了解这些孩子与正常儿童在神经解剖结构方面的不同之处。

研究发现，人的注意力缺失与大脑额叶区的失调有关，注意缺陷与多动障碍儿童的大脑额叶区血流量和脑电活动都非常少。也就是说，这些孩子在该区域内的代谢能力要低于正常儿童。而他们在感觉和以感觉动作为主的区域内的代谢能力却比正常儿童高。另外，大脑枕叶区 α 和 β 的脑电活动是大脑成熟及稳定性的标志之一。注意缺陷与多动障碍儿童大脑枕叶区 α 和 β 功率比正常组明显要低，中央区 α 和 β 功率却高于正常组——这被认为是脑发育迟缓的重要表现之一。另外，注意缺陷与多动障碍儿童脑电图可能会有异常状态，他们的脑电波中有着过多的慢波活动，这也可以证明他们的大脑功能发育迟缓。

再说心理上的不专注。

随着人类对世界认知的不断深化，医学也从“生物学模式”一步一步向“生物—心理—社会模式”演变。科学家发现，孩子的不专注行为，既与大脑神经系统的活动有关，又与心理以及社会环境、教养方式有关。这里来说说与不专注行为相关的心理要素。

第一，心理幼稚。心理幼稚是指孩子的年龄与他们的心理成熟度不相匹配。比如，明明已经是十来岁的孩子了，说话做事的方式还与五六岁的孩子相仿。有一个简单的方法可以判别出孩子的心理成熟度——看他是愿意和比自己大的小朋友玩，还是喜欢和比自己小的小朋友玩。如果喜欢与比自己小的孩子玩，那就说明这孩子的心理可能相对比较幼稚。孩子心理幼稚对专注力的影响，可以说是全方位的。分心走神、多动冲动、缺乏时间概念，都与心理幼稚有关。

第二，自我中心。人生来是一个自然人，自然人最大的特点是以自我为中心。刚生下来的小孩想哭就哭，不会顾及别人晚上要休息，一两岁的孩子对喜欢吃的东西只顾自己吃，不会想到与别人分享。随着他们渐渐长大，会一步步从自我中心里走出来。由于家庭教养方式不同，有些孩子没有从以自我为中心的世界里走出来，或者走得比别的孩子慢，就会出现分心、多动、冲动的症状。

第三，意志品质薄弱。人类有四种基本的意志品质：自觉性、果断性、坚持性、自制性。从字面就可以看出，每种品质都与专注力有着极大的关系。如果孩子的意志品质比较薄弱，很难想象孩子会在这片心理的土壤上结出专注力的果实。

第四，情绪不稳定。多动、冲动也可以定义为一种失控的情绪状态。这种失控的情绪状态实质上就是情绪不稳定的直观显现。不专注的孩子多有情绪不稳定的表现。或者说，如果能稳定他们的情绪，那么他们多动、冲动的情况就会减少许多。

从以上所述的四种心理要素来看，它们与不专注之间的关联是十分紧密的。在矫正不专注行为的训练中，有许多方式就是心理训练，即通过对他们心理品质的改造来实现提升专注力的目的。

关键期：专注力快速提升时期

“机不可失，时不再来”，人世间的许多事情都有机会之窗，错过了时机，再成功的难度会大很多。在动物和人的成长发展过程中，就存在这样的机会之窗，心理学家称之为“关键期”。

说到关键期，先给大家介绍一位奥地利动物心理学家劳伦兹（K. Z. Lovenz），他是第一位以心理学家身份获得诺贝尔生理学或医学奖的科学家。1935 年，劳伦兹在研究刚出生的小鹅时发现，小鹅在孵出后的一天内倾向于追逐它第一次见到的活动物体。如果它见到的是鹅妈妈，就会跟着鹅妈妈走；如果它见到的是鸡，就会跟着鸡走；如果它见到的是实验者劳伦兹，就会跟着劳伦兹走，并把他当成自己的妈妈。如果小鹅在孵出后的 24 小时内不接触任何动物或人，小鹅的这种能力就会丧失。以后，母鹅和人无论怎么与小鹅接触，小鹅也不会出现追逐他们的情况了。这也就是说，小鹅出生后的 24 小时内，是认知母亲的关键期，错过了这个关键期，小鹅就会丧失认知母亲的能力。他把小鹅这种无须强化、在一定时期内形成的反应称为“印刻”，这一特殊时期就叫“关键期”或“敏感期”。

后来的许多研究发现，这个发展关键期不仅表现在小鹅身上，所有的哺乳动物包括人类，在成长过程中都有关键期。人类的每一种能力都存在关键期。关键期是形成某种能力最容易的时期，如果人们在这一时期内接受合适的教育，就可以获得事半功倍的效果。一旦错过这一时期，就需要花费更多努力才能弥补，甚至永远无法弥补。

一方面，孩子在某一能力的关键期内学习，会对外界的刺激特别敏感，很轻松地就能提高自己的能力。错过了关键期，外部条件再好，个人再努力，效果也要打折扣。另一方面，在关键期里形成的能力具有不可逆的特点，它能为接下来的发展打好基础，而且这种影响是持久的、稳固的，很难被遗忘和改变。

著名幼儿教育家蒙台梭利（Montessori）是这样描述关键期的：当孩子的某一敏感期出现时，就像一道光线，会照在某些物体上，而被照到的物体就成了孩子的世界。在这一时期，孩子对这些问题充满了激情和冲动，也充满了探究和征服的欲望。他能在这个时期内自我调节，会比平常有更强大的力量去解决问题和自主构建经验。

接下来，我们来说说专注力的关键期。

3 岁半是儿童注意力形成与发展的关键期，这一时期的孩子有以下特点：一是注意范围扩大，更多的人与事物进入视野之中；二是会提出许多问题，对周边的世界充满疑问；三是注意力保持时间短，并且不稳定，容易被周围的新鲜事物所吸引；四是有意注意开始发展，无意注意依然存在并占有优势；五是动作频繁，到处探索，很少能安静下来，但遇到自己感兴趣的事物时会表现得非常专注。

面对这一时期的儿童，我们的建议是：

第一，儿童注意范围扩大是件好事，家长要提供更多的合理刺激。比如，给孩子买玩具、图书等。但对电子产品要有所限制——不是完全不让孩子看电子产品，而是要有度。当孩子提出很多问题——很可能是奇奇怪怪的问题时，家长要耐心解答，并指导他们把注意力集中到自己的问题上，切忌忽视、回避或拒绝孩子提出的问题。

第二，这一时期的孩子注意力不够稳定，专注时间也有限，家长应避免让孩子的某一活动持续时间过长。给孩子安排的活动不能太满，一定要让孩子有放松的时间，然后再进行其他活动。

家长在与孩子的互动过程中，可以提醒他们去注意某一事物，主动搜索要注意的人和事物，或者对指定的事物主动分配注意资源。

第三，这一时期的孩子动作频繁，他们是在用动作探索周围世界，家长应该允许并鼓励孩子这种适当的探索行为。当他们将注意力集中于某一事物时，家长应该跟孩子交流并一起探索，使他们能够在感兴趣的事物或活动上保持注意时长和稳定性。

小学阶段是儿童专注力培养、训练、矫治的关键期。在这一年龄段，如果孩子在专注力上存在问题，家长应该高度重视，在科学诊断的基础上进行必要的矫治与训练。干预的时间越早，孩子的专注力就能越早集中。

孩子的不专注行为会随着年龄的增长而自动消失，这种说法是缺乏科学依据的。真实的情况是：随着年龄的增长，孩子的不专注行为的表现方式会不同，一些新的症状替代了原先的表现，但它并没有消失，也不会消失。我们不能自我欺骗，更不能把自我欺骗用到孩子身上。

家长也不要为孩子的问题过于焦虑，其实不专注的孩子可能暗藏天赋！

说起孩子的不专注，很多父母可以列举出一大堆孩子的“坏毛病”：分心，多动，冲动，固执，行为鲁莽，反复无常，情绪不稳定，忘东忘西，丢三落四，杂乱无章，心血来潮……说完这些缺点后，再换个角度看孩子，也许你会发现，这些令人头疼的缺点的另一面，可能是非凡的潜能——孩子是有天赋的。

容易分心是因为对世界充满了好奇，好奇心是一切发明创造的必备心理基础。爱因斯坦说：“好奇心是科学工作者产生无穷毅力和耐心的源泉。”多动是因为他们充满活力，精力旺盛，多动也是需要体力与精力作为支撑的。固执表明他们不轻言放弃，是可贵的心理品质。行为鲁莽是因为他们有激情，激情有消极与积极之分，消极的激情可能会惹事，但积极的激情却是人生不可或缺的正能量。反复无常、让人捉摸不定是因为他们更善于打破思维定式，不拘泥于通行的做法。情绪不稳定是对新鲜事物有敏锐的感觉后的自然反应。忘东忘西、丢三落四也许是因为他们正全身心投入正在做的事情而造成对其他事情的忽略。有时，丢三落四只是表象，我们唯有看清表象背后的真相，才能真正地挖掘出孩子的潜能。杂乱无章、心血来潮也许是奇思妙想出现的端倪。仔细观察，就可以发现如果某件事是他们想干、愿意干、有兴趣干的，他们会义无反顾地全身心投入，对毁誉无动于衷，对荣辱在所不计。虽然他们从小木讷、分心，但正是由于这些暗藏的天赋，在这些不被人看好的孩子中走出了一大批杰出人物：爱因斯坦、爱迪生、安徒生、丘吉尔、巴顿将军、菲尔普斯……就连专注力研究领域的权威专家，哈佛大学教授哈洛韦尔本人也是一个分心者。

现在请想象一下，你面前有一台漂亮的法拉利跑车。

它是一台好车吗？

当然是好车，还是一辆豪车！动力澎湃，造型优美，人见人爱。

不过，你面前的这台车，制动系统有点问题，该刹车时刹不住，需要修理一下。你愿意修理吗？还是随手丢掉？

当然是修理。

不够专注的孩子恰如这台制动系统有点问题的法拉利跑车。我们应当怎么看待和对待这样的孩子？更直接地说，对这样孩子的教育应选择缺陷取向还是优势取向？这是一个严肃的话题，它关乎孩子未来的人生走向。

如果我们的目标与期待仅仅是把孩子的不专注行为消灭掉，那么我们塑造出来的孩子可能是一个平庸的人。如果我们调整目标与期待，就会培养出一个优秀的人。缺陷取向或优势取向，两种不同的理念的确会造就孩子不一样的人生。

哈洛韦尔教授曾满怀激情地说过下面这些话：

不专注的人（通常称为分心的人），其思维特点在我看来都是天赋，是一种特殊的才能，具有积极的意义。这些思维特点是优点和缺点兼具的混合物，一旦你正确应对，它们就能开出绚烂的花朵，结出丰硕的果实。

事实上，与其他人相比，正是这些分心的人，为世界做出了更多的贡献。具有这种思维特点的人往往表现出众，他们是那些先锋的改革者、创新者、预言家、梦想家、企业家、思想家、艺术家、诗人、演员、舞蹈家以及新政策和新方针的创造者。概括地说，他们就是能放眼未来并让梦想成真的人。

我要为这些分心的人欢呼。我热爱这样的人，我的整个职业生涯是与他们共同度过的，迄今已经有30余年。而且，我本身就是一个分心者，同时我还有阅读障碍。对具有这类思维特点的人而言，所有的优点和长处往往都隐藏在缺点和问题之下。毕竟，每个人的大脑和思维方式都各有优劣。为了让优势得到发展的机会，你必须先认识到它的存在，为它正名，滋养它以及给它提供成长的养分。如果我们仅仅关注缺点和劣势，那么内在的优点就会慢慢枯萎和消亡。

我们不是在矫治“问题儿童”，而是在塑造优秀的人。

专注力测评与训练方法

1. 专注力测评

家长朋友问我最多的问题是训练专注力有什么好方法？这个问题还真不好回答。专注力的缺失，存在着程度以及类型的差异。从科学性与操作性的角度来看，没有一种方法适用于所有类型的儿童，过度治疗更是有害无益。每个人都是独特的，在培养与教育人的问题上，不存在“一把钥匙开千把锁”的现象。培养与训练专注力的起点，应该是从科学测试入手。找到你家孩子的特点，训练才能收到事半功倍的效果。这就好比我们生病去医院，不会直奔药房，抓把药往嘴里塞，而是先看医生，然后做检查，搞明白了是什么病，再对症下药。

专注力的测查方法有下列几种：

（1）行为观察量表

行为观察量表是通过日常行为观察，判定儿童、青少年专注力状况的工具。常用的行为观察量表有两种：美国精神病协会儿童多动症诊断量表和中国中华医学会神经精神学会修订量表，大家不要被这两个量表的名字吓到，注意障碍属于精神医学学科，绝对不是说你的孩子得了精神病。

美国精神病协会儿童多动症诊断量表是在 1989 年由美国精神医学会制定，作为注意缺陷障碍的权威临床诊断标准。

与大多数同龄儿童相比，若该儿童下列行为更为频繁，符合下列 14 项中的 8 项，并持续 6 个月，可诊断为具有注意力缺陷障碍（ADD）：

①手或脚不停地动，或在座位上扭动（表现为坐立不安的主观感受）。

②即使必须坐好，也很难静坐在座位上。

③易受外界因素影响而分散注意力。

④在集体活动或游戏时，不能耐心地等待轮换上场。

⑤别人问话尚未结束，便立即抢着回答。

⑥不按他人的指示做事情（并非故意违抗或不理解）。

⑦在做功课或玩耍时不能保持注意力。

⑧一件事尚未做完，又做其他事情，有始无终。

⑨不能安安静静地玩耍。

⑩说话太多。

⑪常常打断别人的活动或干扰他人学习、工作。

⑫别人和他（她）说话时常似听非听。

⑬常常丢失学习或活动要用的物品，如书、作业本、玩具盒。

⑭往往不顾可能产生的后果参加危险活动，如不加观察便跑到马路当中。

1989 年，中华神经精神科学会通过的《精神疾病分类方案与诊断标准》（第二版）中，对注意缺陷与多动障碍（ADHD）确定了以下诊断标准。

起病于学龄前期，病程至少持续 6 个月，具备下列行为中的 4 项就可被诊断为 ADHD 儿童：

①需要其静坐的场合下难以静坐，常常动个不停。

②容易兴奋和冲动。

③常干扰其他儿童的活动。

④做事常有始无终。

⑤注意力难以保持集中，容易转移。

⑥要求必须立即得到满足，否则就产生情绪反应。

⑦经常多话，好插话或喧闹。

⑧难以遵守集体活动的秩序和纪律。

⑨学习成绩差，但不是由智力障碍引起。

⑩动作笨拙，精巧动作较差。

（排除由于精神发育迟滞、儿童期精神病、焦虑状态、品行障碍或神经系统疾病所引起的注意障碍。）

这一测查方法很简单，家长朋友可以通过逐条对照的方式，考察自家孩子的专注力状况。不过，这种方法只能简单地判断孩子是否存在专注力缺失，专注力缺失的程度与类型不得而知。

（2）IVA－CPT 测试

IVA－CPT 测试，又称为视听整合连续执行测试，是一款专业级的专注力测试工具，它可以准确测量一个人专注力的水平、类型与特征，为针对性训练提供精准的科学依据。

通过该测试可以得到以下数量化商数：

①理解力商数：理解力商数不作为智商分析依据，但可以反映出孩子对本测试是否理解以及学习方面的基本理解能力。

②控制力商数：从总体上反映孩子的自控能力水平。

③注意力商数：从总体上反映孩子的注意力水平。

④多动事件次数：≤5 次是正常范围，如果大于 5 次，就表示孩子有冲动行为。有可能是行为动作上的，也可能表现在写作业的时候审题不清，导致粗心的错误频发。在性格方面也会有冲动任性、过于倔强、惹事等特征。

⑤多动商数：评估测试中的多动行为，数值过低时，表明测试者具有冲动、过度激动、无秩序等特征。

⑥谨慎商数：反映控制力的水平，表现在做事情是否经过思考，是否有冲动行为等。如是否在考试的时候会拿起卷子就做，而不规划做题时间。

⑦一致性商数：反映控制力的稳定性。

⑧毅力商数：反映控制力的维持能力，可测试出孩子在控制冲动和控制反应能力上是否存在困难，容易分心，并且有没有良好的持久力。

⑨警醒商数：反映孩子注意力是否容易转移，是否在注意力保持上存在一定问题。如上课不注意听讲，容易受外界干扰。

⑩速度商数：反映大脑是否存在反应迟钝的问题，如写作业慢或者做事情拖拉磨蹭。

IVA－CPT 测试不仅在诊断专注力问题时可以使用，在经过一段时间的训练后，它还可以作为检测训练效果的一个客观指标来使用。我们在工作实践中，会多次对一个孩子进行 IVA－CPT 测试，效果非常好。

2. 专注力训练方法

（1）心理训练

心理学家通过心理训练的方法来矫治儿童、青少年专注力缺失现象，最常使用的方法是行为塑造和认知训练。

先来说说行为塑造。

在行为主义心理学家看来，人的行为是环境塑造的，即后天培养出来的，是经由一系列的强化训练（奖励或惩罚）形成的。任何人都遵循“趋利避害”的法则，只要给予足够的“利”，相应的良好行为就会出现并且保持；只要给予足够的“害”，相应的不良行为就会减弱直至消退。

以奖励塑造良好行为，需掌握以下要点：

奖励前，要向孩子讲清楚被奖励的具体行为，这样才能使孩子明白今后该怎么做。家长不能说“你今天表现不错，给予奖励”，而要说“你今天安静做作业的时间比昨天长 5 分钟，所以妈妈要奖励你”。总之，要让孩子清楚地知道是什么行为得到了奖励，今后同样的行为才会出现。

根据孩子的个人喜好，选择有效的奖励物。有效的奖励物可以是吃喜欢的美食，可以是观赏一场精彩的足球赛，可以是妈妈一个赞许的微笑。强化物可以是物质的，也可以是精神的。家长不能从自己的喜好和主观想象出发给予奖励物，而是提供与孩子的需求兴奋点相契合的奖励物，才能收到预期的效果。

奖励物可以当场给予，也可以累积后给予。比如说，某个小男孩做作业时注意力很不集中，同时又特别喜欢看现场足球赛。

是不是要在他每一次做作业出现注意力集中的良好行为后就带他看一场足球赛呢？这显然不现实。可以通过“代币法”来解决这个问题，其实就是把奖励攒起来一起兑换。它有两个显而易见的好处：一是解决了孩子感兴趣的奖励物不可能每次都能给予的问题，二是起到激励孩子重复出现良好行为的作用。前面说到的喜欢看现场足球赛的孩子，经过一段时间的努力与自我控制，手头有了 5 个代币，只要积攒到 10 个代币就能看一场足球赛，你说他会不会去努力？他肯定不想浪费掉手中的 5 个代币。

使用代币法需要注意的是，家长要和孩子共同商定并确定兑换规则，如出现何种状况或行为可以得到多少代币，出现何种不良行为要罚多少代币，多少代币换取某一种物品或者活动等。家长说话要算数，不能赖账。

每当良好行为出现，应立即给予奖励物，不能延搁时间，及时强化非常重要。

以惩罚改造不良行为时，需掌握以下要点：惩罚不是体罚，也不是变相体罚。科学的惩罚是当孩子出现某一个不适宜的行为时，附加一个令他厌恶的物体或情境，让他深感出现不适宜的行为显然对自己不利，从而减弱直至消除这一行为，同时塑造起良好的行为规范。

始终牢记惩罚的根本目的不是让孩子感到难受，而是要消除不良行为，同时形成良好行为。只要孩子出现特定的不良行为，惩罚手段就要实施，零宽容，无例外。“这一次就算了，下不为例”之类的话不能说，更不能做，因为这是对不良行为的鼓励。

同使用奖励一样，惩罚手段也需要及时实施，选择有效的惩罚物，在惩罚前一定要让孩子知道为什么受到惩罚。

再来说说认知训练。

用于专注力培养的认知训练包括两部分内容。

一是建立新的正确观念或调节孩子的原有观念，将正确的观念植入认知结构之中，进而对行为产生指导或影响作用。如果这个孩子原先缺乏时间概念，就要通过教育建立起正确的时间概念；如果这个孩子对自己的事缺乏责任感，就要建立起孩子的责任意识；如果这个孩子认识不到课堂分心与学业成绩以及生活质量之间的关系，就要通过有说服力的分析让他们意识到这一点。认知训练与说服教育的不同之处在于：说服教育是试图把某种观念植入到受教育者的头脑里，认知训练则是与孩子共同分析，最后由孩子自己得出结论的过程。很显然，认知训练的效果会优于说服教育。

二是通过纸笔训练来培养专注力。纸笔训练是一种传统的专注力训练方式，还是有一定效果的。但它是一种一般性的专注力训练，不可能针对某个孩子的特点与类型展开。在我们的训练体系中，也有这样的内容，不同之处在于针对不同的特点与类型编排特定的训练内容，从而提高了训练的有效性。

心理训练的好处是没有副作用，对矫治儿童、青少年注意障碍与分心现象也确有帮助。但如果孩子的注意障碍或注意缺陷是由生理因素造成的，那么心理训练的作用就会削弱。另外，心理训练需要一个漫长的过程，父母和孩子都得有耐心。

（2）脑电生物反馈技术

北京师范大学校长董奇曾说，未来教育的重要特征之一，是要基于脑、适于脑、促进脑。随着脑科学的迅猛发展，它正在走进教育领域，为能力培养提供最优解决方案。这里介绍一项在发达国家广为应用的专注力训练方法——脑电生物反馈技术。

脑电生物反馈技术最初是用来帮助美国宇航员缓解压力、增强大脑记忆力、提高专注度的高科技产品，现在被广泛用于医院、科研机构、高级疗养院等场所，来有效提高大脑的专注力、记忆力、理解力，并开发大脑潜能，被称为“大脑健身房”。这个训练方法在国外经过了大量的验证，目前已经在社区中普及，中国的一些大医院儿童保健科也在使用这一方法，主要用于解决儿童注意障碍或注意缺陷问题，安全性以及训练效果都得到了认可。

一个成年人有1000亿个神经元。一个人聪明与否，并不取决于他的神经元的数目，而是取决于他的神经元建立起来的思维模块数量及其连接网络的大小。思维模块越多、连接点越多，这个人就越聪明。所以，要增强孩子的脑力，就要增加思维模块与神经元之间的连接点数目，这可以通过脑电生物反馈训练来实现。脑电生物反馈训练对儿童注意力缺失有治疗作用。

（3）舞动疗法

一提到舞动，大多数人的反应是：跳舞？还有家长会说："我家孩子不会跳舞。"

其实，舞动疗法和舞蹈并不是一回事。舞蹈是学习跳舞技能，按照一定的规则进行动作表演。舞动疗法是借助舞动的肢体释放身心的焦虑，缓解压力，重新认识自我，梳理自我与他人的关系，是一套以身体动作与创意性肢体表达为媒介的心理调节系统。美国舞动治疗协会对舞动治疗的定义是：一种运动舞蹈或动作过程，以促进个体情绪、身体、认知和社会整合的心理疗法。舞动疗法诞生于 20 世纪中期的美国，它是在现代舞蹈、动作分析理论和精神分析理论的基础上发展起来的。

从舞动疗法的角度看，人在日常生活中的每一个动作都是舞蹈。这些动作就是我们的肢体语言，与口头语言和书面语言一样，肢体语言也是生活中每时每刻都在发生的"语言"。肢体语言是人类共同的母语，婴儿早在学习说话之前，就已经用肢体来进行沟通了。他们见到喜欢的人会手舞足蹈，见到不喜欢的人会攥起拳头。

在舞动疗法中，肢体动作是表达和互动的主要媒介，也是心理咨询师用来进行观察、沟通的依据。它通过肢体舞动增进个人与内心世界的联结与自我觉察，让个体在身体运动过程中产生知觉，让身体和内心情感达到协调一致，从而促进身心健康。

舞动疗法对于儿童心理问题，尤其是专注力的缺失现象特别适宜。

第一，肢体语言适合儿童的语言发展特征。舞动疗法通过引导和协调儿童的肢体动作来处理意识和潜意识语言无法表达的信息，不偏重立即纠正病症表现，而是以调动儿童的健康潜能为主体，整合儿童在“前语言时期”（学习语言之前的时期，依靠动作来表达）形成的心智行为。

第二，用身体表达符合孩子的情感特征。儿童的自我意识水平不高，思维水平不足以将各种感受以语言的形式表达出来，但可以在身体动作上有所表现。通过运动舞蹈，可将潜伏在孩子内心深处的焦虑、愤怒、悲哀和抑郁等情绪安全地释放出来；通过运动舞蹈，可以塑造他们良好的情绪情感；通过运动舞蹈，可以让他们感受到自己对个人存在的控制能力。

第三，舞动疗法适合孩子的行为塑造。一些多动的孩子，不管老师和家长怎么提醒都没有用。在和孩子的深入交流中，他们说家长和老师说的话有道理，他们都听进去了，可就是控制不住自己。家长和老师只是运用了语言系统，希望用语言去指导动作，故而效果不佳。舞动疗法则是以“动作”制动“动作”。制动就是启动，用和动作同质的动作来启动符合规范的动作，以新的积极的动作，替代旧的消极的动作。好比是给儿童的身体动作更换了一个新的系统编码，让孩子的身体自然而然地出现适宜的动作与行为。动作的探索与体验，还能帮助儿童、青少年增进自身对于身体的熟悉度与知觉力，提升身体的平衡感与节奏感，促进肢体表达的创意与组合能力，同时增加专注能力。

有一系列舞动疗法的内容与提高专注力直接相关，它们以多种形态的训练方式促进儿童专注力的提升，并将专注这样的心理品质植入潜意识之中。专注力的训练体系会用到很多游戏，不少游戏中都有舞动疗法的身影或元素。

第二篇

学业上的专注力训练

上课分神的孩子：角色互换，当好“老师”

江南茶楼，小雨妈妈与我相对而坐。

窗外，春意盎然，草长莺飞。

环境很温馨，话题却很沉重。

小雨妈妈幽幽地对我说：“芮老师，这到底是怎么了？我把精力全身心地投入在孩子身上，费了九牛二虎之力，可孩子的成绩为什么就是上不去呢？”

小雨在读小学六年级，眼看就要升入初中了。

满满的焦虑感，写在小雨妈妈的脸上……

在我20多年的职业生涯中，见过太多这样的母亲。我很理解她们。天底下的父母，哪一个不是望子成龙，望女成凤的呢？遗憾的是，孩子们并不都是能如期许的那样优秀，父母就会变得失望、沮丧。

我说："您不用着急，关键是着急也没用。今天我们一起来做一件事，分析小雨成绩上不去的原因到底是什么。只有找到真正的原因，问题才能得到解决，你说对吗？"

小雨妈妈欣然接受我的提议。我们首先开始"问诊"。

问题一：你的孩子的智力如何？

小雨妈妈：没问题，肯定没问题，小脑袋瓜可聪明了，我们手机的应用程序有什么搞不定的问题，他一上手就能解决。

问题二：学习是需要下功夫的，小雨投入的时间足够多吗？

小雨妈妈：说句良心话，孩子还是蛮辛苦的，周一到周五，我请了大学生陪他做作业，周六、周日我带着他奔波于各种补习班、名师班，算得上是"五加二""白加黑"了。

问题三：你们家的教育条件如何？

小雨妈妈：那是没说的。我们家经济条件还不错，所有与教育有关的需要我们都会及时满足，不会亏待孩子的，也不会在教育方面省钱。

问题四：你的孩子上课时分心走神吗？做作业时东张西望、

心猿意马吗？

小雨妈妈一下子愣住了：是的，我每次与老师交流，老师都会说到小雨上课时注意力不集中的问题。在家做作业，他也是一副魂不守舍的样子。

问题的症结难道就在这里？

我认为孩子成绩不好，如果智力正常，大概率的原因是专注力缺失的问题。

如果我们要找一个肉眼可见的指标，这个指标能够对孩子的学习成绩有参考价值，这个指标该是什么呢？我的答案是孩子在课堂上专注听讲的时间。一节40分钟的课，你的孩子真正专注听讲的时间有多长？你可以询问老师，也可以心平气和地问一下孩子，要他认真想一想自己一节课真正专注听讲的时间。10分钟？20分钟？还是40分钟？

再举个例子。

有人请一位刚考上北大的学生，给学弟学妹们讲讲提高成绩的独门秘籍。这位学霸答应得很爽快。当聊到要讲什么内容的时候，他不假思索地说："我想讲上课认真听讲。"

组织者很诧异："这算什么独门秘籍啊？"

他笑了笑，说："您可以去观察一下，在课堂上有多少位同学能全神贯注地听讲10分钟？有多少位同学能全神贯注地听讲

20 分钟？30 分钟呢？一节课 40 分钟都能全神贯注听讲的同学数量，一定是个位数。这样的同学，想成绩不好都不可能。而那些只听了 10 分钟的同学，要是成绩也能好，那就是神仙了。”学霸的独门秘籍，原来就是上课注意力高度集中，认真听讲。

所以，小雨成绩上不去最主要的原因，很可能在于上课分心。我给小雨做了一个专注力测试，进一步确认这一点。

专注力测试的结果与预估的情况完全一致，小雨的听觉注意力与视觉注意力的水平都很低，尤其是听觉注意力，这是一个典型的分心型专注力缺失案例。

小雨妈妈后来也与孩子交流并且询问了老师，小雨一节课认真听讲的时间不会超过 15 分钟，也就是说他的学习效率不及优等生的三分之一。

我对小雨妈妈说：“问题的症结已经找到了，解决方案也是成熟的，只要家庭成员配合，我对这种情况的孩子的训练有足够的信心。”

1. 了解小雨的行为特点

通过与小雨爸妈进一步的交流以及训练师的观察，我发现小雨具有这样几个特点：第一，他对声音特别敏感，即使很小的声响都能带走他的思绪，产生奇妙的联想，思绪能跑到千里之外。第二，他看上去很安静，上课也不调皮捣乱，但总是给人一种神游的感觉。老师要求他回答问题时，他常常不知所云。他做作业的时候总会问“我要做什么来着”，也会在一次次的谈话中迷失方向，答非所问。第三，他会把注意力同时放在很多事物上，比如铅笔的沙沙声、空调的嗡嗡声、钟表的嘀嗒声……常常忽略了当前最重要的事情。

这样的行为特点导致了小雨的学习效率很低，也就是说，他的学习时间很长，有效时间却不多，这是阻碍他学习成绩进步的关键。不解开这个结，任何努力都是徒劳。

还有一个很不好的消息是小雨已经产生了明显的厌学情绪：提到上学就害怕，看到作业就头疼。如果这种状态延续下去，后果不堪设想。

小雨产生厌学情绪的原因具有典型性。那是因为分心而学习效率低下，因为学习效率低下而延长学习时间，接着就是整天没完没了的学习和作业导致其产生厌学情绪。这是一个恶性循环的链条，如果不能及时斩断，情况会越来越糟糕。

我给小雨妈妈的建议是：以专注力训练为契点，斩断这个恶性循环的链条，建立起良性循环的新机制，步入能力提升、成绩提高的快车道。

小雨妈妈很兴奋，因为她觉得这个方法可行，也看到了希望。

于是，我给小雨制定了以调节听觉注意力为主要内容的分阶段的神经反馈训练方案。与此同时，我给小雨爸妈制定了一套家庭教育与训练方案，双管齐下，协同配合。

2. 把家庭环境整治好

专业训练交给专业的训练师去做，这里主要介绍一下家庭教育与训练的方法。

小雨的主要问题是分心。分心的原因既有主观因素，也有客观因素。主观因素是专注能力不足，客观因素是外在环境的干扰。进而言之，专注力不足的孩子更容易受外在环境的干扰。所以，家长要做的第一件事就是要整治好家庭环境，包括家庭物理环境与家庭心理环境。

先说家庭物理环境。

环境安静，心就容易静，专注力才可能会集中。虽然意志坚强的人能够做到闹中取静，但我们不能对孩子提出这样的要求，更不能对不专注的孩子提出这样的要求。

法国科学家的实验表明：噪声在 55 分贝时，孩子的理解错误率是 4.3%，而噪声在 60 分贝以上时，理解错误率就会上升到 15%。分贝再高一些，孩子完全没法学习。所以我们应该让孩子在学习的时候尽量避免各种噪声的干扰。40 分贝是正常说话的音量，55 分贝是大声说话的音量，60 分贝以上就属于吵闹范围了。

安静的家庭环境，是门槛最低的教育投入。如果一个家庭整天“吵吵闹闹、鸡飞狗跳”，谁都受不了，更不用说本来就分心的孩子。在孩子需要集中专注力学习的时候，关闭电视，关闭有声电子设备，这一点不难做到。

我们建议小雨妈妈在网上下载一个手机分贝测试 App，这样随时可以知道家中的噪声状况，及时调节。我的工作人员给小雨的家庭策划了一场“家庭降低噪声活动”。

首先是召开家庭会议，全家要以环保的名义，开展一场家庭降低噪声活动，家中全员参与活动。在活动期间，家庭所有成员要控制自己说话、走路的声响，也就是说话声音要低一些，走路要轻一些，使用电子产品的声音也要小一些，为的是让家里的氛围宁静、轻松。这个活动有惩罚措施：没有低声说话、轻声走路、调小电子产品音量的人，要在脸上贴个不干胶标签，以示“惩罚”。在活动进行的过程中，有意安排一个家庭成员——爷爷违反规定，全家对他执行惩罚措施，在欢笑声中强化了活动的效果。

我们提出的另一个建议是：给小雨提供一个固定的学习场所。

在心理学领域，有一种说法叫“地点定向”。也就是说，人们到了特定的地点，就会习惯性地做其该做的事情，久而久之，人们就能形成条件反射。只要走到这里坐下来，就会集中注意力，然后安心学习。

这个相对固定的学习地点，最好是一个独立空间。尽量避免在客厅里写作业，因为客厅里分散专注力的因素有很多。可以给孩子一个单独的房间，配备高低适宜的桌椅以及光线柔和的台灯。小雨妈妈说："小雨一个人有一间卧室。"

我们建议就把他的卧室改造成卧室兼书房，书房的布置有几点提议：柔和的光线更有助于孩子集中注意力，书房内不要出现玩具、电子产品等，书桌上只放与学习有关的物品，不要给孩子买太花里胡哨的文具。

硬环境，也就是物理环境搞定后，就要考虑软环境——心理环境了。心理环境与家长直接关联，并且非常重要。说一个最直接的场景：孩子学习时你在干吗？有两个鲜活的案例，希望引起家长的思考与警觉。

来看第一个案例。

有一个父亲经常严厉地管教上学的儿子，但事与愿违，孩子学习还是不行。有一天，父亲的单位通知职工须经考证才能上岗，于是他每天学习电工原理，也没有时间管孩子学习了。半年后父亲拿下了电工等级证。他回头再看孩子的学习成绩，竟然大有进步。父亲真是大惑不解，他找孩子谈心："我认真管你的学习，你的学习成绩不好；我不管了，你的学习成绩怎么反而进步了？”儿子答道：“我看您 40 多岁了，每天晚上还努力学习，看来这社会没真本领确实不行。我想，我也别瞎晃了，赶紧好好学吧。”

再来看另一个案例。

小力的家境很好，他有一个自己的房间，学习用品都是精品，参考书不管多贵都是想买便可以买。从学习的硬件条件来看，父母肯定是非常用心了。不过，他们家还有一个“景观”——每天晚上，家里几乎都有一桌麻将局或牌局，那是他爸爸的专场活动。他妈妈则是没完没了地看韩剧。他俩也会各自在打牌的中场休息时或电视台的广告时刻，到小力的房间看一眼孩子，鼓励两句，或者训斥两句，有时还会看看房门是否关得严实，会不会有声音传到屋里。但小力的成绩却是每况愈下，有一回趁爸妈不在，小力居然叫了几个同学到家里来打牌，被发现后，恼羞成怒的爸爸狠狠地打了他两个耳光。

打得有道理吗？这种教育有用吗？

我想就不用我多说什么了。

苏联著名教育家马卡连柯说过，一个父母对自己每一个行为举止的注重，是对子女最首要的，也是最重要的教育方法。我对小雨妈妈说：“请审视一下你们的行为是否有和第二个案例相似之处？如果有，请立即改正。别期待孩子有那么高的自觉性与自制力，尤其是你家小雨本来就有分心的特质，更容易受环境的影响。如果你们做不到克制自己，那就别想让孩子做专注的事了。”小雨妈妈表示一定会给孩子做个好榜样，不会成为消极因素。

环境因素就此基本搞定。

接下来的训练是指导小雨爸妈和小雨进行谈话，主题是告诉小雨要进行专注力训练。一个周日的晚上，一家三口饭后聊天，气氛很温馨。爸爸在不经意间挑起一个话题。

“小雨，你有什么事情感到很痛苦、很无助吗？”

“当然有啊！”

“给爸妈说说，都是什么样的事情？”

“作业不会做、考试没考好、被老师批评、爸妈没好脸色、上各种补习班、玩耍的时间被大大挤压……”

说着说着，小雨脸上露出痛苦郁闷的表情。看得出来，他也对自己的学习状况有迷茫的一面。

“想解决这些问题吗？”

“当然想，谁不想？”

“你还记得前几天做过的那个有趣的测验吗，专门用来测专注力的测验？”

“记得。”

“告诉你，测验的结果已经出来了，你的专注力需要调节和改善。原先爸妈有错怪你的地方，总以为你上课分心是故意调皮捣蛋，是主观上不想学习。现在弄明白了，你有优势，也有短板，最主要的短板是容易分心。接下来爸妈想让你参加专注力训练。

“为什么要参加专注力训练呢？这就好比是眼睛近视了，就要戴一副眼镜，要不然会看不清东西，而且近视程度会越来越深。专注力训练就是给大脑戴上一副‘眼镜’，能够心明眼亮。过一段时间专注力调整好了，还可以把这副‘眼镜’摘掉。

“想一想吧，如果把专注力调整好，不分心了，上课能认真听讲，写作业能加快速度还写得好，考试成绩就能提高，老师和爸妈也会非常高兴，你自己也会很高兴是不是？”

小雨听了之后有些动心，但也有些忐忑。爸爸鼓励他说出自己的想法。小雨说：“会不会又加了一项任务，我忙不过来呀？”爸爸解释了一下：专注力的训练目标是要提高学习效率，缩短学习时间。虽然训练每天要花半个小时，但经过训练之后，总体的学习时间是优化了。

3. 训练的要点

环境因素改善了，有关训练的思想工作也做通了，训练正式拉开大幕。

（1）请来一位“专注力警察”

给小雨安排了一周五次的专业训练，包括脑放松和脑电生物反馈训练以及针对性认知训练。

在家庭训练方法中，我们来介绍“专注力警察”方法，即设置一个警察身份的物品，维持学习活动时的秩序，做法简便但有效。

买几个黑猫警长的贴纸，把它贴在书本上、作业本上、课桌上。和孩子约定，上课和写作业的时候，只要一看到黑猫警长，马上就能集中注意力。久而久之，孩子可以形成一种条件反射，分心走神的现象就会减少。使用了一段时间之后，小雨发现这位“警察”一点都不令人讨厌，他和“警察”几乎成了好朋友。

（2）在家学习时的注意事项

在家学习时家长做出正确的事情，既可以提高孩子做作业的效率与作业质量，也可以训练专注力。针对小雨的情况，我们给他的爸妈提出以下建议：

一是做作业前做好事务准备工作。过去一放学回家就要求小雨立刻写作业，现在则让小雨先换好衣服和拖鞋，上厕所、洗手或者喝水，然后吃点东西。将写作业需要用的文具包括铅笔、橡皮、格尺、演算纸等摆放整齐之后，开始做作业，这样可避免写作业时频繁活动，导致分心走神。

二是不给分心的机会。在做家庭作业的学习时间内，把小雨的学习活动安排得满满当当，让他没有分心走神的时间和可能性。苏联著名教育家赞可夫就曾提出“高速度的学习原则”，即在学习时间内，让学习活动紧张进行，让思维高速运转，这样孩子就没有分心的机会。高效学习的特征不是抓紧每一分钟去学习，而是抓紧学习时的每一分钟。

三是写作业时家长绝不陪伴。孩子做作业，家长可以帮助检查，但不要陪伴。陪伴久了，就会形成一种条件反射，只有在有人陪伴的情况下才做作业或是认真做作业，一旦没人陪伴了，分心现象立即出现，孩子甚至会放弃做作业。这种状态后患无穷，相关原因我们将在应对作业拖拉的案例中一并阐述。

四是采用“五到作业法”。所谓“五到”，是指要求孩子做作业时“心到、眼到、口到、耳到、手到”，也就是心里想着、眼睛看着、嘴里说着、耳朵听着、手上写着。这种方式实质上是多种感觉器官协同活动，有利于记忆，也有利于理解，更有利于专注。尤其是心到，最为重要。一个人不可能心里同时想两件事，如果头脑中正在想着作业上的事，神游的概率就会小得多，神游最可能发生的时间是大脑意识处于空白状态的时刻。

（3）边玩边学，在游戏中培养小雨的专注力

在我们的训练体系中还有一个重要的内容，那就是带有显著

训练功能的游戏。读书是学习，游戏也是学习。作为一种特殊的学习形式，游戏是儿童表现生活、表达情感的开端，是锻炼智力、开发潜能的手段，是陶冶情操、塑造良好性格的有效途径，同时也是于潜移默化之中培养专注力的重要方法。这是因为，所有的游戏都有规则，有规则就需要有自我控制能力，这种能力需要有专注力作为支撑。并且，多人游戏中基本都有竞争这个要素，在竞争环境下任何人想获胜，先决条件都是要把注意力高度集中于活动之中。

喜闻乐见的游戏有益于孩子的身心健康，还能融洽家庭氛围，是一种低成本的培养孩子专注力的方式，我们可以充分利用它。在教育领域有一种教育方法——“玩中学”，是最适宜儿童和青少年的学习方式。我们还告诉小雨爸妈，做游戏时对训练目的只字不提，就是玩游戏。这样孩子就没有任何心理负担，能以更放松的心态投入到游戏过程中。心态越是放松，就越能实现训练目的。

我们向小雨爸妈推荐了三种游戏。

一是舒尔特方格。舒尔特方格是一个在全世界都很流行的专注力测试工具，可以直观地判断出一个人的专注力水平，同时还有训练和提高专注力的作用。

21	14	6	1	11
3	23	19	16	24
8	10	2	5	13
17	20	15	25	9
12	4	7	18	22

图 2.1　舒尔特方格

在一张方形卡片上画上 1 厘米 ×1 厘米的 25 个方格（见图 2.1），在方格里任意写上 1 至 25 的阿拉伯数字（训练时要经常更换卡片，避免记忆的因素）。测试的时候，让孩子按 1 至 25 的顺序，依次用手指出数字的位置，同时要读出声，家长在一旁记录时间。这里给大家一个通用的评价标准（见表 2.1）。

表 2.1　舒尔特方格评分标准对照表

等级	优秀	良好	中等	及格
5—6 岁	30 秒内	30—40 秒	40—48 秒	55 秒内
7—11 岁	26 秒内	26—32 秒	32—40 秒	45 秒内
12—17 岁	16 秒内	16—18 秒	19—23 秒	24 秒内
18 岁以上	12 秒内	13—16 秒	17—19 秒	20 秒内

测试时要掌握好计时这个环节，并且跟孩子强调在说到某个数字时，手一定要指到那个数字。如果手不指到那个数字，就不能算对。这一点要事先跟孩子反复说明，这样才能起到训练注意力的作用。这个训练游戏，我国飞行员平均完成时间在6.25秒以内，宇航员杨利伟只需3.04秒即可完成。为排除记忆所起的作用，可以经常把数字的排列位置换一换。

二是用乒乓球拍托球跑。让孩子把乒乓球放在球拍上，手持乒乓球在室内来回走动（也可划定行走路线），要求孩子在行走过程中不让乒乓球掉下来，并且只能用球拍端着乒乓球来维持平衡，乒乓球拍不可触碰身体其他部位。家长在游戏过程中用计时器计时，记录孩子保持球不掉的时间。在这个过程中，家长也可以用语言对孩子进行干扰。比如，家长很着急地说："掉了！快掉了！"但不要碰及孩子的身体。游戏也可使用竞赛的方式，即家长和孩子一起比赛，看谁坚持的时间长；根据孩子的能力情况，家长可适当示弱，以增强孩子玩游戏的积极性。

三是三张牌游戏。取三张不同数字的牌，随意排列于桌上，如从左到右依次是梅花2，黑桃3，方块5，选取一张要记住的牌，如梅花2。让孩子盯住这张牌，然后由家长把三张牌倒扣在桌上，并迅速随意更换三张牌的位置。然后要求孩子报出梅花2是哪一张牌。如猜对了，就获胜。最好家长和孩子轮换担任摆牌人和猜牌人。

（4）让小雨回家当小老师

小雨的爸妈和小雨达成一个约定，每周有一天（随机选一天）由小雨当小老师，爸妈当学生，讲当天老师在上课时教的学习内容。小雨和爸妈都很入戏，小雨一本正经地讲课，爸妈时不时回答问题并提出疑问。所以小雨上课必须认真听讲，才能扮演好老师的角色。这种方式还有一个很好的学习效果，即小雨讲课的过程是最好的复习方式。

最后说一说小雨训练过程中的变化与起伏。

在开始阶段，小雨感到新鲜、有趣，每天都盼着训练的时间。但半个月后，他开始出现懈怠情绪，对妈妈说不想训练了。这时爸爸对小雨说："要坚持下去，别期待你要做的所有事情都是有趣的、好玩的。人一生中做的大部分事情都没那么有趣，但还是要做，这就是一个积累的过程，量变引起质变。我们一起看看训练的数据，我昨天已经看过，数据表明你的专注能力正在逐步提高，我们已经走在一条正确的道路上，没有理由半途而废。想一想训练的愿景——成绩提高了，学习时间缩短了，学习能力还提高了，为什么不坚持下去?"小雨想了想，表示同意爸爸的看法。在后来的训练过程中，小雨也有过几次想放弃的念头，但经过教育，小雨能坚持正常训练，这很重要!

专注力训练一个月后，老师就屡屡向小雨妈妈说孩子发生了可喜的变化，上课时的专注程度好多了。这让小雨妈妈感到十分欣慰，训练的动力也就更大了。教育心理学的研究表明，学习活动最大的、最持久的动力来自学习的结果。看到自己专注力增强，做作业效率提高了，成绩逐步向上，努力有了结果，小雨的厌学情绪随风飘散，学习的劲头更足了。

训练复盘

容易分心走神、上课效率低下的孩子，学习时间很长，但有效学习时间不多。我们要延长有效学习时间，父母除了提供优良的学习环境之外，还要告诉孩子：不是抓紧每一分钟去学习，而是抓紧学习时的每一分钟。用“专注力警察”的方法，来督促孩子不要分神。还可以让孩子扮演老师的角色，给扮演学生的父母讲上课内容，这样孩子上课会认真听讲，而且还是一个很好的复习方式。

作业拖拉的孩子：
打破焦虑感，分解总目标

曾经有一个在朋友圈刷屏的段子，“不写作业母慈子孝，一写作业鸡飞狗跳”，辅导作业已经成为破坏亲子关系的一大杀手。孩子写作业太拖拉，崩溃的是家长，如果每天陪伴孩子做作业到深更半夜，搁谁身上都受不了。况且这样对孩子也很不好，孩子到十一二点也疲倦了，第二天上课就没精神，学习效率严重下降，学习成绩也会下降，一系列的问题都会来，学习生活搞得一团糟。

作业拖拉、速度奇慢不仅不利于当前的学习与生活，从长远来看，这种行为模式一旦形成，对他们的未来生活与工作也很不利。当下流行的拖延症与儿童期的作业拖拉有着千丝万缕的联系。有不少家长心存幻想，孩子作业拖拉、速度奇慢，是不是长大了就会好点？告诉你，其实非常难。人的行为模式一旦形成，非经强有力手段的干预，或者重大生活事件的影响，不可能发生根本性的变化。更可能发生的情况是：行为模式越来越稳固，越来越难改变。所以，趁早改变作业拖拉、速度奇慢的行为模式是正确的选择。况且，就目前的状况来说，你能长期忍受吗？

本案例的主人翁叫小悦，是一个小学五年级的女孩。写作业太慢，慢到考试时都做不完试卷，白白丢分，而且骂也没用，吼也不行。家长想尽办法也没效果，最后找到我这里来。

这是一个因专注能力不足而造成拖延的典型案例，也是广泛存在于中小学生之中的普遍现象，不是家长打骂就能解决问题的，必须要用科学的思维去引导孩子提高写作业的效率与质量。我对小悦妈妈说："天底下的事情都有因果关系，小悦写作业拖拉是有原因的。第一阶段，寻找导致这一现象的原因，包括主要原因和次要原因，内部原因和外部原因。第二阶段，采取针对性措施，才能事半功倍。"

小悦妈妈欣然同意我的工作思路。

1. 注意力涣散、自控力差、有焦虑倾向需重点关注

从专业的测试结果来看，小悦的注意力容易涣散，自控能力

也比较差。这类孩子，一个小小的动静，就能把他们的注意力吸引走。环境控制得再好，怎么可能一点动静都没有呢？稍有动静，小悦的注意力就全线涣散了。

小悦妈妈也告诉我们，小悦在做作业的时候，一会儿喝水，一会儿上厕所，一会儿看看这个，一会儿摸摸那个，哪怕是楼下一个小小的响动声，也会引起她的注意与好奇。她削一支铅笔也是削削停停，会削很久。她手里拿支笔，眼睛望着天花板发呆……两个小时过去了，也没做出几道题。就这样，作业时间虽然拉得很长，但有效学习时间却不多。

注意力容易涣散是能力问题，我们制定了脑机能训练方案，坚持训练即可。长期的训练经验告诉我，某种行为表现通常不会是单一原因造成的。尽可能地找到多种影响因素，协同解决，才能取得最佳效果。在小悦训练的第一个月，她每周都到我的工作室来做训练，顺带完成作业。我们对小悦的行为进行了认真细致的观察与分析。

我们在观察中发现小悦不仅是做作业慢，整个心理节奏和行为节奏也慢。这表明，小悦做作业慢不是故意的，思想教育甚至“威胁利诱”对她不会有什么用处。因为心理节奏和行为节奏慢，与先大的气质特征有很大关系。对小悦的气质类型进行测试，结果显示是黏液质抑郁质混合型，说话做事总是比别人慢半拍是这种气质类型的典型特征之一。由此看来，调整小悦的心理节奏和行为节奏，应是训练的重点内容之一。

这种孩子的心理节奏与外部动作缓慢，让家人看了很着急，如果不断催促，他们做事速度会更慢。并非自己不想提速，而是由于长期慢动作的习惯，形成了缓慢的心理感受。这种心理感受给他们一种安全感，从这种已经形成心理定式的感觉中突然走出来，会很不适应。对于这种情况的孩子，重点应当放在心理训练上，不是用行政命令来强迫，而是通过一系列的心理训练，提升他们的心理素质，进而实现写作业、做事加快速度的目的。还有一点需要确认，改变心理节奏绝非一日之功，要以年为单位。作为父母，要做好这方面的心理准备。我训练过不少这种情况的孩子，半途而废的不是个别情况。我为他们感到惋惜，但家长没耐心了，我也爱莫能助。对小悦的父母，我反复声明这一点，不要半途而废。所幸的是，他俩对此表示高度认同。

我的工作人员还发现，小悦有焦虑倾向。这种焦虑倾向，也是导致做作业慢的原因之一。她做作业时，使用橡皮的频率很高。有的字写得蛮好的，可她还是擦了重写。这不是认真、一丝不苟，其实透露出来的信息是她内心的焦虑。这种焦虑也许是来自老师和家长的压力，也许是潜意识中对自己现状的不满，更可能的情况是二者兼有。有一种现象叫“橡皮综合征”，是指孩子在做作业时不断用橡皮擦来擦去，追求完美。这样一来，写作业时间就会拖得很久，到考试的时候，还会耽误时间。“橡皮综合征”的症结在于孩子学习压力大，心情焦虑，怕出错，对自己要求太高，或是父母要求太高造成的。

2. 出在父母身上的问题

家长们在和我们一起分析孩子的问题时，聚焦点常常都在孩子身上。其实，很多心理学家都会说孩子的所有心理问题、行为问题，都和家长的教育方式有着若明若暗的联系。

接下来的工作是和小悦爸妈一起分析家庭教育方面存在的问题。

分析后发现还真的有问题。

小悦爸妈对孩子的期望值很高，考上重点大学是他们心中的梦。而他们的教育理念是：作业做得越多，成绩就越好。于是，从上小学一年级开始，他们就给小悦安排课外作业，而且量很大。这让小悦在潜意识中形成一个心理情结，做作业是一件没完没了的事。既然没完没了，何必那么着急完成？久而久之，她形成了做作业拖拉，做事磨蹭的不良习惯。请谨记人性的特点：如果工作是无限量供应，做完还有，唯一的选择便是拖拉。成人是如此，孩子也是如此。

我们的建议是：尽量少安排课外作业，除非确有必要。安排的课外作业也要有极强的针对性，用来对付学习中的薄弱环节，而不是重复性的练习。总之，一定要给孩子自由活动以及玩耍的时间，而不是用作业把他们的所有时间都填满。对于这个建议，小悦妈妈不太能接受，为了这件事，专门来找过我。得知她的来意后，我问她："你到底要什么？是要孩子没完没了地做作业，还是要孩子有个好成绩？"

"这个选择一点也不困难，当然是要好成绩。"小悦妈妈说。

"那目前这种没完没了做作业的方式效果如何？如果很好，那我们就坚持。如果并不理想，为什么还要苦苦坚持呢？如果有一种方法，既能让孩子把做作业速度提上去，又能多一些玩耍的时间，更重要的是能提高孩子的成绩，为什么不去尝试呢？"我接着说。

小悦妈妈若有所思。家长朋友们，请打破固有的思维定式。别以为提高孩子的成绩只能做加法——增加学习内容，延长学习时间。有时，要做减法——精减学习内容，缩短学习时间也许能收到意想不到的效果。小悦妈妈按照要求这么做，收到了小悦两个"大礼包"：一是写作业速度快些了，二是成绩上去了。看起来有点不可思议，其实内在的逻辑很严谨，做完有限的作业就能去玩，这是一个巨大的动力。有了这个动力，写作业速度当然会快一些，写作业期间的专注度也会高一些。

特别声明：作为学生，保持必要的学习时间和学习训练是必需的，我只是说不能没完没了。没完没了不能实现学习目标，还会带来许多负面影响。

小悦的家庭教育方式中还有一个问题，也是许多家庭中普遍存在的一个现象，那就是规定孩子要完成的任务是时间，而不是效率，所以孩子就把混时间当成首要任务。许多家庭都有一个规定：每天几点到几点，是做作业的时间。看起来很合理，其实有很大的弊端。弊端就在于孩子要完成的是学习时间，而不是学习成果。

这种家庭场景，可能你见过，也可能就发生在你家。孩子手里拿着笔，桌子上摊了一大堆的书和练习本，眼睛望着天花板，耳朵在竭力搜寻那偶尔从里屋飘出来的电视机的声音。

父母走了过来，斥责道："你怎么不做作业！"

孩子振振有词："我怎么没做作业？我正在思考问题。"

有什么证据能说明孩子没有在思考问题呢？父母无言以对。

一旦到了规定时间，孩子把笔一扔，立刻玩耍起来。父母皱起眉头，这孩子怎么就这样呢？

为什么会是这样呢？做父母的难逃责任。

所以，我们给出的建议是：在家做作业时，不要再以时间作为考核指标，而以完成任务作为考核指标。如果是一名小学生，就规定每天晚上10点必须睡觉。郑重地告诉孩子，如果8点完成作业，8点到10点就是自由活动的时间；9点完成作业，9点到10点就是自由活动的时间；10点完成就没有自由活动时间。10点完不成作业就不准做了，等着第二天和老师解释吧。家长可以很认真地和孩子说："你不是想看电视吗？你不是想玩手机吗？都可以！每天都可以！至于玩得到还是玩不到，那就看你自己了。"我们给很多家长提出这样的建议，他们实施后普遍反映孩子做作业的速度快多了。

孩子和父母之间是需要互相理解和尊重的。有一次，一位朋友很晚的时候给我打电话，说有件事他搞不定了，让我出个主意。事情是这样的：他那上高二的女儿，想暑假期间到韩国去看场演唱会，她是那位韩国歌星的铁杆粉丝。但是爸妈不同意，认为都上高二了，学习那么紧张，没必要去。于是他们发生了激烈的亲子冲突。我说："答应她的要求，可以去。但是是有条件的。这个条件是：她在期末考试中能在班上考到多少名，就可以去，否则免谈。"他和女儿说了这个方案后，女儿欣然同意。接下来，女儿让他刮目相看，不仅自己奋发努力，学习压根不用催。期末考试取得名次的目标实现了，女儿去韩国看演唱会的心愿也实现了，这不是皆大欢喜的事吗？有时候只需要一点技巧和尊重，比硬碰硬要划得来。

各种原因找到了，问题搞清楚了，接下来我们便为小悦定制了一个训练方案。方案包括针对性认知训练，心理训练、持续性家庭教育措施等。我们主要来说一说心理训练和家庭教育措施。

3. 为小悦定制的心理训练

一是通过心理游戏调节小悦的心理节奏和行为节奏慢的状况。比如，一起玩“乌龟与兔子”的游戏。先让小悦扮演“乌龟”，鼓励她进入角色，把自己身体里的“乌龟”放出来。于是，小悦以乌龟的速度进行肢体运动。训练师跟她一起在一个节奏上爬行，小悦感到她的速度和节奏得到了认同，很感兴趣，也很开心。接下来训练师把小悦导入那个有名的《龟兔赛跑》的故事。训练师说：“这个故事中有两个主人翁，一个是乌龟，另一个是兔子。我们已经感受过乌龟的速度，为什么不再来体验一下兔子是什么样的速度呢?”然后，训练师和小悦一起由乌龟的速度与节奏慢慢变成了兔子的速度与节奏，体验了做兔子的过程。训练师和小悦一起分享做兔子时行走如风的感觉。

经常玩这种游戏也是心理训练，做作业、做事情的速度可以得到提高，整个人的心理节奏也会加快。

二是用巴洛克音乐中60拍的高频音乐作为做作业时的背景音乐。有研究表明，这种音乐学习可以让孩子大脑充满活力，延长注意力集中的时间，进入最佳的学习状态，有助于快速完成作业。大家知道，音乐最大的特点是节奏感，音乐的节奏能带动人们的行为节奏。节奏慢的时候，人的动作就会缓慢；节奏快的时候，人的动作就会加快。这种高频音乐对于心理节奏和行为节奏慢的孩子的确有良好的调节作用，建议家长们可以试试。

三是针对小悦的焦虑倾向，通过呼吸放松技巧予以缓解。小悦有焦虑倾向，呼吸放松技巧可以有效地缓解这一现象。呼吸放松技巧是通过调整呼吸方式达到身体放松的功效。身体放松之后对心理有什么样的影响呢？有句话是这么描述的：在一个放松的身体里，不会住着一颗焦灼不安的灵魂。

我们每时每刻都在呼吸，呼吸的时候胸部在起伏，这是胸式呼吸，也叫浅呼吸。现在要练习的是腹式呼吸，即呼吸时腹部在起伏，这是深呼吸，特别有利于人的身心放松。

腹式呼吸是怎么做的？

第一步：闭上眼睛，把一只手放在肚皮上，大拇指放在肚脐眼处。用鼻子深深地吸口气，同时默数三下：一……二……三……感受腹部向上隆起，吸入的空气流入肺里。

第二步：屏住呼吸，能憋多长时间就憋多长时间，憋的时间越长越好。

第三步：到实在憋不住的时候，用嘴巴缓缓吐气，吐得越慢越好，感觉自己的腹部在降低，到最后长长地呼出一口气，将空气从肺部完全排出。

每组 6 至 8 次腹式呼吸。静静地坐两三分钟，体验放松后舒适的感觉……头脑中浮现一幅画面：压力、紧张、焦虑如同融化的蜡一样，顺着手臂、手掌、指尖流出去……反复观看这幅画面，观察其中的每一个细节。然后睁开眼睛，稍做休息。

每天做 40 次这样的腹式呼吸，不仅可以有效降低焦虑与压力水平，还能使整个身心状态得到改善。建议父母和孩子一起做，增加乐趣，也有益于父母的身心健康。

4. 家长做好这些事

改变孩子作业拖拉、速度奇慢的现象，必须要有科学的家庭教育措施作为专业手段的配套方案。日复一日的生活场景，一定会在人的心里留下深深的痕迹，成为一种定式，成为一种习惯，甚至成为一种心理情结。

20 多年职业生涯的经验告诉我：那种完全依靠专业训练而忽视家庭教育这一块内容的训练，几乎不可能实现预期的成功。这一点，我反复向家长们强调，有人都嫌我有些唠叨，但我还是要说，因为它太重要了！

接下来，我来说说在训练过程中让小悦爸妈做的家庭教育措施。

第一，改变睡懒觉的不良习惯。

小悦爱睡懒觉。平时早晨要爸妈喊好几回才肯起床，到了周末，要九十点钟才起来。睡懒觉很不好，会打乱一天的生活与学习节奏，各项活动的拖延也就在所难免。一定要纠正这个不良习惯，哪怕是节假日也要有规律地生活。后来我们了解到，这事还不能怪小悦，她爸妈的生活习惯就是周末爱睡懒觉，小悦是一种无意识的模仿，也就是人们常说的有样学样，父母的行为就是孩子行为最生动的榜样。所以，改变小悦睡懒觉的不良习惯，先得从父母做起。

第二，创设一个良好的环境，有利于加快写作业速度。

除了要保持家庭环境的安静，减少无关刺激这些基本要素以外，家长还要注意做好以下几点：一是学习时家长不要去打扰孩子。比如，一会儿给孩子端杯牛奶，一会儿给孩子递水果，这会打乱孩子专注学习的持续性。二是家长在孩子学习时，不要走来走去、看视频、聊天或打电话等，而应在一旁学习或阅读，强化学习的氛围。三是孩子做作业时，不要在一旁唠唠叨叨，有话简单说。如果孩子有了厌烦情绪，分心的状况将很容易发生。

第三，限时完成准备工作。

稍稍观察一下便可发现，做作业拖拉的孩子有个共同特点，那就是从准备写作业到真正写作业，这个过程十分漫长，大量的时间浪费在这里了。训练开始以后，爸妈向小悦宣布，作业前的准备时间不得超过10分钟（以前至少半小时），10分钟后不得以任何理由提任何要求。坚持连续一周10分钟搞定，将会得到奖励。训练一个月以后，时间缩短为8分钟，三个月以后是5分钟。这个细节很重要。

第四，改变不催不写的条件反射。

许多家长看到孩子做作业拖拉，就不停地催促。久而久之，就形成了不催不写、催一下写一会儿的条件反射，这样的坏习惯养成后，如果父母有事不在旁边了，他们写作业会更拖拉。小悦家就是这种情况。改造的方法是首先家长做到不催。当然，不催之后会出现写作业更慢甚至不能完成作业的情况。这时让孩子承担自己的行为后果，后果就是到学校会受到老师的批评甚至处罚。这种后果会让他们感受到负面的情绪体验，为避开这种不愉快的情绪体验，他们会改变自己的行为方式。一旦有所改变，要立即给予奖励。经过一段时间的正负强化，新的条件反射就能建立起来。

第五，利用能够加快做作业速度的科学方法，包括直接要求法、分段作业法、中途安抚法。

直接要求法。这种方法是事先了解孩子的作业总量，然后直接提出完成的时间。比如，今天的语文作业不算多，用30分钟完全可以做完，数学稍多一点，用 45 分钟做完。如果在规定时间没完成，到了时间，爸爸可以收起孩子的作业，装在书包里，不能在家继续做了。当然，如果孩子觉得时间不够，当时可以提出来，再一起商定完成时间。大人说到就要做到，在执行这一规定时，情绪要平静，不能发火。要让孩子明白：大人说话是算数的，不是闹着玩的。采用这种方法最好事先与老师取得联系，请老师配合。

分段作业法。分段作业法就是把作业总量分为几个板块，最简单的方法就是按学科分段。比如，晚上的作业有数学、语文和英语，做好数学作业后，休息或玩耍 10 分钟，接下来做语文作业，做好后再休息 10 分钟，然后再做英语作业。这种做法的好处有两点：第一，符合儿童注意力规律，小学生连续专注的时间一般不会超过半小时，让他们休息一会，可确保在做作业时能做到全神贯注；第二，如果每天晚上做作业的时间需要两三个小时，那么无论在孩子的意识中还是潜意识中，都会把它看成是一个遥远而漫长的过程。还没干活呢，就先泄气了。接下来的反应就是既然遥远，不如拖沓。把总目标分解为几个小目标，小目标很快就能实现，那精气神就不同了。家长在利用分段作业法时，应逐步延长每一段功课的时间，也是训练与提升专注力的一种方式。

中途安抚法。发现孩子做作业时又停了下来，干起无关的事情，家长感到必须制止时，可以走到孩子身边，边用手抚摸他的头边说：“是不是遇到了难题，做不下去了？要不要妈妈帮你一下？”这样首先把孩子的注意力拉回到学习上。通常情况下，孩子会说没有难题，这时大人要表现出一种平静的神情：“你很聪明，马上会做完的，妈妈等着你好吗？”这种方法，终止了孩子的无关行为，使孩子明白：大人在关注他，希望他快一点完成作业。

对待做作业拖拉、速度奇慢的孩子，不能总是责怪、数落、抱怨他。你可能还不知道，越是责骂、数落孩子，越会强化他的不良行为习惯。

小悦的训练过程持续了一年多的时间。

情况改善了吗？改善了，改善的幅度还不小，小悦做作业速度至少加快了三分之一。与那些速度快的同学相比，有差距吗？有差距，应当说还有明显的差距。训练是成功的还是失败的？应该算是成功的。这是因为提高做作业的速度，杜绝行为拖拉现象可不是件容易的事，它实际上是在改变一个人固有的行为模式与心理节奏，绝非一朝一夕之功。这就好比是有人吃饭快，有人吃饭慢。你要吃得慢的人快起来不容易，让吃得快的人慢下来也很难。

所以，目标应该是行为改善，而非出现颠覆性变化。颠覆性变化，也就是把孩子搞得像换了一个人似的，既不可能，更不好。有心理学家指出，一个人的优点，正是他的缺点；一个人的缺点，正是他的优点。小悦的写作业速度慢，但相对来说，质量还是比较高的，低级错误比较少。如果有谁把小悦训练成写作业快手，没准新的问题、新的烦恼又出现了，顾此失彼，说的就是这种情况。

小悦的父母，包括小悦自己对训练结果很满意，加快了三分之一的速度，意味着节约了三分之一的时间。坦白地说，我做的类似的案例也有不成功的，最主要的原因是家长等不及。一两个月下来没看到明显效果就放弃了，就要换新方法。其实，踏踏实实、实事求是，才是真实的存在。

在我看来，家长的耐心比孩子的耐心更重要，如果家长失去了耐心，孩子的耐心便无从说起。接受改变过程的缓慢，接受改变过程的起伏，包括停滞。老话说得好，“十年树木，百年树人”。凭空说起来，谁都有耐心，但在实际操作过程中，能坚持有耐心的人并不是全部。其实，强化耐心最好的方式是看到自身努力的结果。为此，我设计了一套由家长自行观察、自行记录，以肉眼可见的方式，观察孩子在训练起始阶段、训练过程中以及阶段性训练结束后行为变化状况的表格。

这个表格中有两个行为观测点：一是晚间做作业时间长度，比如训练开始时每天要花三个小时，随着训练的进行，每周记录三次做作业时长；二是在家做作业期间一次性连续保持专注时间。由家长观察并做记录。

表 2.2　观测点记录表

观测点	训练开始时	训练过程中	训练结束时
做作业时长			
一次性保持专注时间			

坚持做这种观察与记录，家长就会清晰地看到孩子进步的轨迹。可能会有些缓慢，可能也会有起伏，但总体趋势是向上的。家长经常看看这个表格，信心与耐心就会增强。让孩子经常看看这个表格，他也会有成就感。这种成就感是继续努力最强大的动力。

训练复盘

做作业拖拉、速度奇慢的孩子，整个心理节奏和行为节奏也是慢的，这种心理感受给他们安全感。因为父母给孩子太大的压力，导致他们非常焦虑，怕自己出错，形成了拖拉的习惯。父母要尽量少安排课外作业，限时完成做作业的准备工作，把总目标分解为几个小目标，小目标能很快实现，专注力和精气神就不同了，总目标就能逐步实现。不要总是责怪、数落、抱怨孩子，不然会强化孩子的不良行为。

考试低级错误多的孩子：错题大数据唤醒警觉性

首先对低级错误做出界定。所谓低级错误，是指非学科知识、学科能力原因造成的错误。不是不懂或不会，而是因各种失误造成的错误。比如，错别字、看错题、漏题、抄写错误、程序错误、卷面不整洁……

有些孩子考试时总犯低级错误，明明试卷上每道题都会，但最后得到的分数总是大打折扣，那些因低级错误扣的分加起来就很多。在长期的学习过程中，如果一直这样下去，和成绩差不多的同学差距会越来越大。我们通过一个鲜活的案例，来看看如何化解这个问题。

1. 大数据让桐桐心服口服

桐桐读初一的时候，每次考试成绩都不理想，尤其是数学。这让他的父母很是失落。父母给他请了一位名师，进行一对一辅导。没过几天，这位名师就对他父母说："不用让你家孩子到我这里来补习了，他没什么不懂的，理解力也不错。他的问题是低级错误太多，这不是我能解决的。我给你介绍个老师训练一下他的专注力吧。"于是，这个孩子就来到了我的工作室。

我们让他把作业本和试卷带来进行问题分析。作业本很整洁，也看不出什么错误。但一看试卷，问题就找到了。桐桐的确没有不懂和不会的题目，但全对的题目却不多，这里扣一分，那里扣两分，卷面上到处见红，分数就那么没了！他犯的低级错误实在太多了，上一行的数字是6578，到下一行就成了5678；明明是加号，他却写成了减号；程序性错误也不少——跳步骤、不规范的问题比比皆是。

那位名师说得一点没错，桐桐的问题不在理解力上，而是低级错误太多。

根据我们的经验，一张100分的试卷，如果得了80分以上，剩下的20分有很大一部分是这里扣一分，那里扣两分丢掉的。对于考试来说，遇上不会做的题目，没什么好遗憾的，因为本来就不会。但让人沮丧的是，会做的题目却丢了分，而且是丢了不该丢的分。扫除低级错误，就是把不该丢的分捞回来。相对于攻坚克难拿分，这种方式要容易得多，也快捷得多。

对于犯低级错误，桐桐和他父母是怎么看的呢？桐桐说：“一时不小心。”父母说：“你就是粗心大意。”

解决方案呢？桐桐说：“我下次注意。”父母则是一顿责怪。

问题解决了吗？没有！下次考试仍然如故。

关于低级错误，最常见的解释就是“不小心”。是不小心吗？不是！是没上心。没上心是咋回事？没上心是不够专注，问题的根源在专注力上。

给桐桐做了专注力测试印证了这一点。他的视觉注意力与听觉注意力都存在问题，处于注意障碍与正常情况的灰色地带，典型表现是注意力涣散以及注意力集中困难。这与桐桐常犯低级错误有着直接的关联，看着是内在生理方面的原因。

桐桐的另一个问题是在他的心理世界中，缺乏一个“观察者”的存在。在心理学家看来，一个理性的人，心理世界中必然有两个“我”，一个是正在行动中的“我”，另一个是作为观察者的“我”。两个“我”同时存在，才能保证行为不偏离方向，不违反社会规范与个人价值观。

我们都见过喝醉酒的人，他们的行为毫无章法，和他们无理可讲。可到了第二天醒来后，他们又恢复了正常人的状态。为什么会出现这种情况呢？这是因为过量的酒精使他们丧失了意识，他们只有正在行动中的“我”，却没了作为观察者的“我”。他们对自己说了什么、做了什么全然不知，荒唐的言行也就在所难免了。由此看来，失去作为观察者的“我”是一件需要正视的事情。

孩子考试总犯低级错误，从内在原因看，是在学习时缺乏一个作为观察者的“我”，是检查与监控能力的缺失。每个人都有过这样的体验：做作业的时候走神了，不知道想到哪去了，但意识会突然恢复警觉：“我想到哪去了？怎么能这样呢？”思绪又返回正题，注意力再度回到应当专注的事情上，这就是监控的功能。桐桐就存在这种情况。他对我们说：“我也对自己老犯低级错误感到沮丧，但又不知道该怎么办。我从来没有检查的习惯，也没有监控过自己的想法。我做作业的时候就这么按顺序答题，答完就完事了。”桐桐的低级错误多，根本性的原因在这里。

有件事让我们感到疑惑，为什么桐桐考试低级错误多，而作业本却很整洁，没什么错误呢？难道他只有在考试时才会出现低级错误，平时却十分严谨？这肯定是不可能的。通过和桐桐爸妈交流得知，桐桐做作业时妈妈全程陪伴，一发现错误就立即纠正，所以作业本上的题目基本没有问题，可到了考试时全露馅了。平常做作业有家长手把手帮忙，到了考场上可没有人能帮忙，形成了这种心理依赖，在考试时就会显露出真实的情况。其实，这样做反而害了孩子。这不是个例，这种现象很普遍。

于是，我们针对桐桐的问题制定了训练方案。

训练的准备工作是找出桐桐犯的低级错误的总量以及规律。我们对桐桐的23张数学试卷中的低级错误进行统计分类后，画出了曲线图。结果显示，在23张试卷中，有110个低级错误，一共被扣了220分，平均每张试卷因为低级错误丢了近10分。

学生普遍认为犯低级错误是一时不小心，可能家长和老师也是这么想的。其实，低级错误也有规律，像桐桐这个孩子，他犯的低级错误主要集中在两个方面：一个是数学题换行时，容易抄错数字；另一个就是解题程序不规范，题目的答案是对的，但过程被扣了分。当桐桐看到曲线图上两个高高的峰值时，他说不出话来，也不争辩说是自己不小心了。我们的工作人员在一旁问了一句："你在同一个地方摔了20个跟头，感觉如何?"可以想象，桐桐今后无论在做作业中，还是在考试中，再遇到类似的情况，他必然会给自己提个醒。这是人们的正常心态。

对于这类错误，如果不把它集中起来并进行统计，而只是看单张试卷上的低级错误，孩子肯定不会上心，他只会觉得这是一时粗心大意，算不上什么错。但把大数据列出来后，桐桐看了也感到震惊和可惜，十分心疼，而心疼是纠正低级错误最必要的第一步。

对桐桐犯的低级错误进行收集、归类、统计、分析，一份滚动式的错题档案就建立起来了。有的家长说，这件事我们已经做了，我的孩子就有个错题集，上面记录做错的题，考试前会拿出来看看。错题集与错题档案是有区别的。错题集是一种简单的收集方式，错题档案是对错题进行归类，有分析数据，以数字化方式呈现，有点类似数据库的意思。错题档案的特点包括找出错误类别、统计错误频次、找出错误的规律。

我们让桐桐妈妈回家做一个文件夹，专门用于存放孩子在作业中、考试中所犯的低级错误。平时一旦发现低级错误，就拍个照，并分类归档。每隔一段时间进行一次整理，这就形成了一个完整的错题档案。这个基础工作非常重要，它是训练的依据，也能反映训练的成果，并且对孩子的成绩提升有直接的作用。

表 2.3　观测记录表

训练开始前	所有试卷低级错误总频数（次）		
	所有试卷低级错误总扣分		
	训练开始前	训练过程中	训练结束时
平均每张试卷低级错误频数（次）			
平均每张试卷低级错误扣分			

在训练过程中和训练结束时，多次整理、归纳低级错误信息，并以每张试卷低级错误频数、扣分与前期平均数做比较，即可看出训练效果。

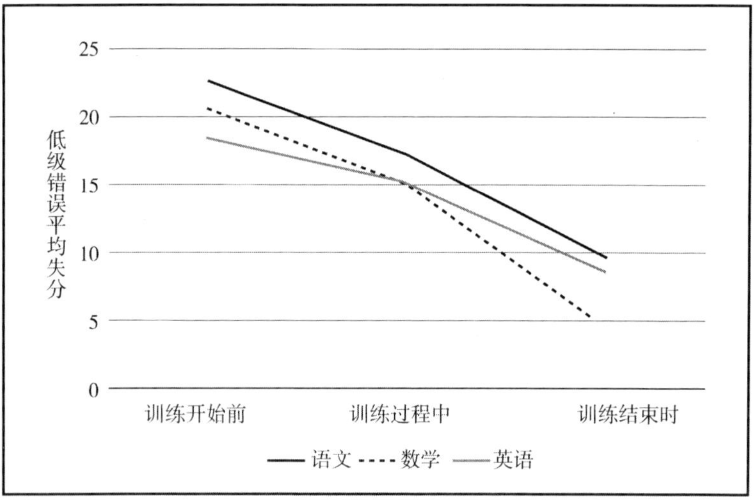

图 2.2　错题趋势图

2. 针对低级错误多的专项训练

我们提供了三种方法进行专项训练，包括视觉集中训练法、圈数字训练法、漏数游戏。

视觉集中训练法。找一个静止的注视点，可以是房间里的装饰物，也可以是墙上的某处圆点，但注意不要选电灯等发光的物品。注视点的高度要以坐下后平视为宜，距离两到五米为佳。挺直脊背，头部轻轻抬起，眼睛向前方平视选好的注视点。调整呼吸，凝视注视点 30 秒至 1 分钟，可以自由地眨动眼睛。闭上双眼，在头脑中回忆注视物30 秒至 1 分钟。再次睁开眼睛，更加仔细地凝视你的注视物，请注意它的形状、颜色、质地和光泽。再次闭上眼睛，更加详细地回忆注视物，回忆它的形状、颜色、质地和光泽。

随着练习天数的增加，你可以逐渐延长凝视和回忆的时间，可以由最初的 1 分钟延长至 3 分钟，注意力集中的能力会逐渐提高。经过注视固定物品的练习后，就可以使用同样的方法来进行钟表的秒针等移动注视点的练习，以提高注意力的稳定性。

圈数字训练法。圈数字训练，是指从一组数字中用圆圈圈起某一指定数字，通过由浅入深的多次练习以提高注意力。圈数字训练法可分为四种类型：第一种是训练圈“3”字（或其他任意指定的数字)，目的是锻炼注意的指向性和集中性；第二种是训练圈“3”字前面的一个数字，这是对注意转移能力的一种训练；第三种是训练圈“3”字前一位“7”字（或其他指定数字)，这种训练有助于发展注意力的选择性；第四种是训练圈“3”和“7”中间的偶数（或奇数)，目的在于提高注意分配能力和扩大注意力的广度。

表2.4是用来进行练习的部分随机数据数字表（表中数字的多少和顺序可根据实际情况自行确定)。

表2.4　随机数据数字表

5	4	3	7	9	1	2	5	7	6	5	0	8	1	3	4
7	6	4	5	1	2	6	8	3	4	0	8	7	3	5	2
0	9	8	7	4	9	0	1	8	5	2	4	1	7	8	0
1	5	4	6	3	4	9	1	2	2	5	4	1	8	6	4
5	5	2	1	8	0	7	3	2	5	8	6	0	6	7	5
9	2	5	4	3	4	7	3	2	5	8	6	0	6	7	5
8	4	6	1	5	7	6	8	1	6	2	4	7	2	5	0
4	2	5	6	8	9	8	4	9	8	7	1	4	9	3	6
1	5	2	6	8	5	7	1	9	8	4	9	2	7	4	7
5	5	9	3	7	0	4	1	2	8	7	5	9	6	3	4

在训练中应注意，每一种训练都要在3分钟内完成，60次为一个训练周期，训练的难度要依次提高。如有必要，某种训练类

型可单独反复练习，这样可以增强训练的针对性。

圈数字训练的评分方法是：计算圈对、圈错和漏圈的三种数据。全部圈对的数字总和称为粗分，圈错的加上二分之一漏圈的数字称为失误分。粗分减去失误分称为净分。用公式表示即为：

$$\text{净分}=\text{粗分}-\left(\text{圈错数}+\frac{1}{2}\text{漏圈数}\right)$$

$$\text{失误率}=\frac{\text{圈错数}+\frac{1}{2}\text{漏圈数}}{\text{粗分}}\times 100$$

在有计划的训练当中，可通过对同一种类型的训练进行多次成绩比较，得出最终训练结果。经过一个周期的训练，孩子的净分会得到明显提高，失误率会逐渐下降，这表明孩子的专注力已经得到了提高。

漏数游戏。家长以 1 秒说 1 个数字的速度，从 1 数到 30，中间随意漏掉 5 个数字，孩子听到漏掉的数字就拍手一次。家长在刚开始的时候，可以说得慢一点。这个游戏可以增强孩子的听觉分辨能力，提升孩子的听觉记忆能力，提高孩子的听课效率。熟练之后可以忽快忽慢，更改语速或者增加数字的数量，甚至可以改变说数字的规则，比如，只说 1 至 50 中间的偶数，用来加大游戏的难度。

3. 矫正父母的教育理念与教育行为

许多家长好心办坏事，桐桐妈妈也算一个。桐桐考试总犯低级错误的外部原因之一，是他妈妈过分的“勤劳”。有句话，不知当妈妈的爱听不爱听：全程陪同指导孩子做作业，表层动机是帮助孩子学习，深层动机是为了自我心理安慰：我尽力了，我问心无愧了！这种行为合适吗？当然不合适。你替代了孩子的责任，孩子就不负责任；你替代了孩子的行为，孩子相应的能力就发展不起来。这就是妈妈们过分“勤劳”的恶果。

也许，有些妈妈会不服气。我再举一个例子，如果你开车时旁边坐着一个人，他说：“你只管踩油门往前开，刹车由我负责，你放心好了。”有一天，这个人没坐在你旁边，你一个人开车，出事故的概率会不会大一些呢？

作业是给孩子做的，不是给你做的。作业是他自己的事，不是你的事。这个边界一定要弄清楚。有人说：“我不检查作业，那孩子做错了怎么办？另外，老师要求家长检查作业，要不然孩子会挨批。”我来告诉你正确检查作业的可行办法。做错题不全是坏事，起码它能直接呈现孩子身上存在的问题。就像我们阑尾发炎了，对于阑尾炎患者来说，疼痛是一个非常有意义的生理学信号，如果不疼的话，那可能身体上的病更严重。同样的道理，做错题对学生来说，也是一个非常有价值的学习问题信号。

凡是孩子做错的题目，我建议你立即拍照，并建一个文档。在考试前，拿出来看一看，一定能帮孩子加分。如果老师一定要求家长检查孩子的作业，并要求都对，那我们只能听老师的。但我们可以这么做：做作业时不陪伴，也不指出错误。做完后，我们检查他的作业，但绝不告诉他哪道题错，哪里错了，只是告诉他："你做的题目有错，自己检查去。"如果开始时孩子不适应，那最多只能告诉他错了几道题。这种训练坚持几个月，必然有效果。因为只有自己找出来的错误才会印象深刻，况且，每个人都应该为自己的过失负责，而不应该由别人承担。

桐桐爸妈接受了我们的观念。我们又与他俩约定，既然接受了就坚决执行，不要有例外。于是，妈妈不再陪在桐桐一旁做作业了，等他做完作业后才去检查，先是告诉他错了几题，后来只告诉他有错的题，自己检查。刚开始桐桐也不适应，由于爸妈的坚持，他也无可奈何。后来桐桐感到丢掉了拐杖，很有成就感，在做作业的时候更认真了。这么一来，低级错误减少了，父母也轻松了许多，这是一个皆大欢喜的局面。

从作业完成后的独立检查，再逐步过渡到每道题完成后的检查，进而培养起桐桐检查与监控的能力与习惯。

容易犯低级错误的孩子，写作业或者考试时往往是一挥而就，没有回头看一眼的习惯，更不会逐步检查。有个孩子对我说从来没有检查的习惯，做作业和考试的时候就这么唰唰地往下写，写完就完事。如果本身专注能力不那么强，写的时候就会分心走神，很容易就犯低级错误。因此，在家做作业时，就要养成及时检查的习惯。这种检查的习惯形成，开头有点难，有点别扭，但坚持一段时间下来，就会习惯成自然。我们给桐桐做了一个写有“查”字的有机玻璃牌，就像警察设在路上的路牌一样。一到做作业的时候，就放在他的书桌上，时时提醒他。几个月的训练，习惯成自然，低级错误数量大幅降低，成绩当然就上去了。

我们对桐桐提出每道题做完后检查的要求，他提出抗议，说这么做太费时间，太折腾人了。还是让事实来说话吧。我们来计算一下时间：一种是每道题做完就检查所需的时间；另一种是一挥而就，不检查，全部做完后寻找作业中的错误所花费的总时间。你可以两种方式都试一试，看看到底哪一种花的时间更多。这种非强迫式的态度，桐桐很能接受，他计算了两种方式所需的时间，结果发现，前一种方式看起来慢，其实更快。桐桐看到的是时间的节约，而我们看到的不仅是时间的节约，更大的意义在于这个过程，就是训练专注能力的最佳时段。

4. 强化技术细节的要求与训练

低级错误都是一些小错误，即细节性错误。抓细节，强化技术细节的要求与训练很重要。针对桐桐的特点，我们对以下技术细节明确要求并反复训练。

一是强调做题程序的规范与完整。前面说到，桐桐犯的低级错误中有一种类型是程序性错误，即题目的答案是对的，但过程被扣了分，原因是没有按照规范的程序去解题。

举个例子：

$2X=6$

$X=3$

这种解法对不对呢？

你可能会说："没错呀。"

我曾经请教一位师范学院的数学教学法老师，问他这样解题正不正确。他反问了我一句："这道题是小学生做的还是中学生做的？"

我说："是小学生做的。"

他说："小学生做的算错。因为在小学数学的要求中，所有的步骤都需要展开。这里差了一步，$X=6\div2$。"

这就是程序性错误。顺便说一句，越是在正式考试、重大考试中，对程序的要求就越严格。在纠正低级错误的时候，千万不要忘记这一种错误形态。

频繁出现程序性错误的原因是打小做作业就不讲究规范，落下许多坏毛病。如果你看小学一年级的数学课本，可能会产生一个念头，就这点内容要学一年？要是我来讲课的话，可能几天就讲完了。你几天能讲完的内容，小学老师为什么要讲一年，而且一年还真有东西可讲？再有，你看小学老师对学生作业或考试的要求近乎苛刻，做竖式加减法，虽然答案是对的，但数字没对齐，只打半对，要扣分。

为什么要讲那么长时间，为什么要求这么严格？这是有道理的，要从小建立起严格的规范。低级错误，与不讲究规范有直接的联系。讲究程序规范在以后的学习工作中，也是很重要的素质。

二是规范书写。许多低级错误，是由于书写得马虎、不整洁造成的。比如，计算时数字没有对齐，就可能造成简单计算的错误。字写得龙飞凤舞，错别字的概率就会增加。所以，不要以为书写是小事，训练规范的书写很重要。我们并不是非得要求孩子写一手好字，但一定要强调规范，最低要求是不出错。

三是正确使用草稿纸。做作业总会用到草稿纸。我们看到很多孩子的草稿纸上写得很乱，不要说别人看不明白，就是他自己过了一会儿也找不到答案了，看不懂了。这就为后期的检查造成了障碍，这些细节也会导致低级错误的出现。

草稿纸怎么写才不乱？平时做作业的时候，准备一本专门的草稿纸，挑选完全空白的纸张，有线条的纸张也会影响到草稿纸的整洁程度。在草稿本上划分好做题的区域，每做一项作业都可以使用一页新的草稿纸。考试的时候，将预备好的空白草稿纸折成合适的大小，按照从左往右、从上到下的顺序，一题一题的草稿演算清晰地写下来，也方便后面的检查。

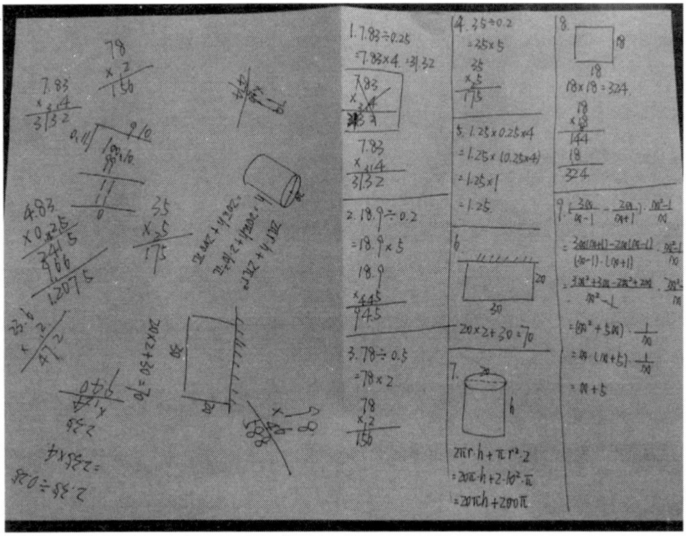

图 2.3 用来演算的草稿纸

四是作业仿真考试。综合这些技术细节训练的检测方法就是作业仿真考试。每周安排一到两次作业仿真考试训练，把作业当成考试的状态来做，要求做到以下几点：规划时间，留出合适的时间来检查试卷，例如 1 个小时的考试最多只能在 50 分钟内完成，留出 10 分钟的检查时间；注意卷面和草稿纸的整洁，检查时能迅速准确找到做题痕迹；检查是否有漏题现象；特别注意先前常犯的低级错误。

桐桐很有灵性，他爸妈也非常配合。三个月的训练下来，无论是专注能力，还是学习成绩，都有了很大的提升。让他爸妈更感到欣喜的是：桐桐的学习劲头大大提高，对学习的兴趣和投入都大大增加。这是怎么回事呢？好像并没有做什么激发他学习动机的事。

现在很多家长普遍感到孩子学习动力不足，都在想办法激励孩子。用什么方法呢？人们最容易联想到的方法是奖励，如物质奖励、金钱奖励。于是，很多父母对孩子做出承诺，只要你学习成绩上去，要什么给什么。这里的思维逻辑是：重赏之下必有勇夫。非常遗憾，这一思维逻辑在学习领域行不通。如果行得通的话，那么有钱人家的孩子应该是班上的学霸，谁家的钱最多，谁家的孩子成绩最好，而没钱人家的孩子就没有出头之日。实际情况并不是如此，有时恰恰相反。

心理学家找到人类行为动力最重要的来源——行为的结果。行为的结果越好，行为的干劲越大；行为的结果越差，行为的干劲越小，这是人类心理的普遍规律。只有一个情况例外，那就是赌博，赌博的人越输越要赌。

我们看到，孩子成绩越好，越想学；成绩越差，越怕学，越厌学。把孩子的成绩提上来，孩子的劲头就来了。有什么方法能把孩子的成绩快速提上来呢？消灭低级错误。提高专注力，把低级错误扼杀在摇篮里，成绩提高后，孩子就步入一个良性循环的快车道，这就是大家知道的“马太效应”。

训练复盘

作业、考试低级错误多的孩子，从内在原因看，是检查与监控能力的缺失。父母在孩子做作业的时候不能全程陪同、手把手帮忙，如果形成了这种心理依赖，反而会害了孩子。用作业、试卷错误的“大数据”规律唤醒孩子对低级错误的警觉，然后让孩子独立检查作业，只有自己找出来的错误才会印象深刻。还可以安排作业仿真考试，高度集中注意力，这样在真正的考试中就可以正常发挥。

第三篇

生活上的专注力训练

沉迷电子产品的孩子：
从虚拟世界走回现实生活

雨泽的妈妈是个很爱面子的人，尤其不愿意听到别人对自己孩子的负面评价，自己的内心深处也认为雨泽将来会是一个很有出息的孩子。她来找我谈孩子的问题，实在是迫不得已，因为她的精神快要崩溃了。

1. 一个迷失在虚拟世界里的孩子

情况是这样的：雨泽当时上初一，老师反映说这孩子上课时精神恍惚，有时甚至点他的名，要他回答问题，他竟然不知所云。老师布置的作业也常常忘了做，成绩更不用说了，断崖式下降。小学五六年级时，雨泽的成绩在班上处于中上游水平，然而上了初一以后，成绩稳稳地居于下游水平。老师找雨泽妈妈谈话，有点怀疑他是不是精神方面出了什么问题。

雨泽妈妈对情况很清楚，孩子在精神方面没有什么问题，其实是因为他迷上一款网络游戏。在和我的交谈中，雨泽妈妈道出了事情的来龙去脉。

雨泽一岁多一点的时候，就对电视上的动画片饶有兴趣。这很正常，大多数孩子都是这样。那些色彩鲜艳、动感十足的儿童节目的确很能抓住孩子的眼球，让他们欲罢不能。那时雨泽爸妈工作忙，回到家里事情也不少，孩子一闹腾，他们就打开电视，让雨泽看儿童节目，后来有了智能手机就更方便了。比如，带孩子出去和亲朋好友聚会，通常吃顿饭要两个小时，孩子坐不住怎么办呢？让他玩手机才能安静下来，他可以瞬间一声不吭，盯着手机屏幕一直看。

在整个小学阶段，手机和电视便是雨泽的日常伙伴，但还没到达痴迷的程度。小学阶段学习内容的深度与广度都还有限，他的小脑袋瓜也比较聪明，所以对学习成绩的影响还不是很大。问题的爆发点在小学毕业后的那个暑假。那个假期，无论是雨泽本人还是他爸妈，都觉得是一个放松时刻，爸妈把雨泽送到外地姥姥家，姥姥对雨泽言听计从，他在姥姥家为所欲为。就在这段时间，雨泽迷上了一款网络游戏，从此不能自拔。假期快结束之前，有一次早上九点，妈妈给雨泽打电话，他还躺在床上，似睡非睡。他和妈妈说话时竟然前言不搭后语，把妈妈吓坏了。她赶紧和姥姥联系，姥姥说："没发生什么事呀，一直在家里好好的，哪儿也没去，就是看他在玩电脑，但我不知道他是几点钟睡的。"

妈妈顿时明白是怎么回事了，孩子染上了网瘾。她火速回到老家，把孩子带了回来。但这时，事情已经到了他们不能控制的地步。为了上网玩游戏，爸妈和雨泽之间爆发了剧烈的冲突。情急之下，雨泽妈妈找到了我，看看我们这里有没有什么方法能够解决她的问题。

坦率地说，我的工作方向是专注力训练，戒除网瘾不是我的工作内容。但引发专注力缺失的重要原因之一就是过度使用电子产品，我的许多工作对象也会过度使用电子产品。对于我来说，这是一个绕不过去的坎儿，因此我也非常关注这个问题，积累了一些实战经验。我看到雨泽妈妈一脸愁容，还是接下了这个任务。

2. 电子产品，魔鬼还是天使

雨泽迷上网络游戏之后，和爸妈产生了严重的亲子冲突。冲突产生的原因是雨泽爸爸看到事态已经到了这一步，断然决定禁止孩子使用电子产品，雨泽怎么能够接受呢，这简直就是要了他的命。家里不准玩了，他竟然逃学去了网吧。于是，剧烈的冲突一直就没停过。

训练前的先导性工作是与雨泽父母的沟通与交流，围绕以下三个问题展开。

问题一：完全不让孩子接触电子产品，现实吗？

许多教育专家呼吁让孩子远离电子产品，理由一大堆，道理也没错。但仔细想想，在今天这个世界上，远离电子产品现实吗？答案绝无争议，那是不现实的。电子产品已经渗透到我们生活的方方面面，人们离开了电子产品，连最基本的生活都不方便，与外界的交往也基本断了。所以，完全杜绝雨泽与电子产品的接触是一个错误的决定，也是一个不现实的决定，建议取消。

问题二：电子产品有害无益吗？

公允的说法应该是有利有害。电子产品有利于扩大孩子的生活视野，让孩子接收到更多的知识。比如，用于早期教育的电视节目、移动设备上的电子书和识字软件等确实能够帮助孩子认字和提高阅读理解能力。把电子产品一概归为不好的东西是不对的。不过电子产品的危害，尤其是对儿童健康成长的负面影响也是显而易见的。过度使用电子产品，会诱发孩子大脑中的多巴胺大量释放。多巴胺是一种神经传导物质，主要负责大脑情绪、感觉的信息传递。大脑中的多巴胺释放过多，会使大脑的敏感性降低、脑神经递质代谢异常和大脑前额叶功能减退。孩子今后会很难将注意力集中到一些相对静态的物质上，如黑板、书本、作业……因为这些静态的信号对他的刺激太弱了。另外，看电视、玩电脑都是被动的、没有反馈的吸收行为，大脑主管高级神经活动的前额叶几乎是没有活动的，长期反复接受同样的刺激，前额叶的功能会逐渐衰退，注意力不集中的状态也就随之产生了。

国家卫健委、教育部等权威部门都曾公开发文，限制儿童使用电子产品的时间，许多医疗界、教育界的专家也纷纷呼吁，一定要控制儿童、青少年电子产品的使用时间。过度使用电子产品最直接能看到的伤害是视力，隐形的伤害是有损大脑发育，导致自控能力差、难以集中注意力、自主思考能力变差、社交能力变差。如果达到成瘾的程度，那麻烦就更大了。

其实，关键是一个“度”的问题。把握好“度”就是有利，把握不好“度”就是有害。

问题三：对于雨泽目前的状况，做父母的有哪些责任，需要做出哪些改进？

别把所有的责任都推到孩子身上，孩子出了状况，父母一定是有责任的。我和雨泽的爸妈一起检讨他们自身的行为以及教育行为。我首先问：“你俩在家使用电子产品是个什么情况？”话音刚落，雨泽妈妈就对她老公发牢骚：“他下班回到家的标准动作就是往沙发上一躺，打开电视，然后一只手拿手机，另一只手拿平板电脑，轮流玩。”雨泽爸爸反唇相讥：“你也不比我好到哪里去，追起剧来没日没夜……”

我说：“你俩觉得在这种环境中，孩子最想干点什么？”

他俩不吭声了，因为答案显而易见。

父母为孩子的状况焦虑万分，其实解决问题的第一步可能还得从自己做起。简单粗暴地要求孩子不能这样、不许那样，只能把事情越搞越糟。我们还重点了解了他们对孩子的陪伴情况。结果发现，他们对孩子的陪伴明显不够。生活上的照顾是做到位了，但这并不能替代精神上的陪伴。儿童痴迷电子产品深层次的原因之一是，在现实世界中精神很空虚，从而转向从虚拟世界中寻求安慰。在这一方面，做父母的一定要有所改进。

3. 由崇拜到认同

雨泽刚到我们这里来接受训练时，见谁都不理不睬，谁跟他说话都没有任何反应。让他和小伙伴们一起玩团辅游戏，他不参加；让他做作业，也只是手里拿支笔发呆，心里在想什么，估计连他自己都不知道。到了第三天，情况发生了戏剧性的变化。

他偶然发现（实际上是设计好的），我们的一个工作人员小张一直在电脑上玩游戏。于是，他情不自禁地凑了过去。更让他感到惊讶的是玩的游戏就是他痴迷的那一款，而且这位大哥哥是个高手玩家，跟他相比，自己就是菜鸟。雨泽的崇拜之情油然而生。他想跟大哥哥套近乎，可大哥哥并不理他。正当雨泽看得兴致正浓时，大哥哥却戛然而止，不玩了。

雨泽怯怯地问："老师，你怎么不玩了？"

"我每天只玩一个小时，到点即停，接下来我要干正事了。"小张说。

以此为契机，小张与雨泽建立起半师半友的关系。由于共同的爱好，也由于崇拜，雨泽心灵世界的大门对他敞开了。雨泽告诉小张，他现在满脑袋都是那款游戏，有时自己也觉得不对劲，但控制不了自己。小张对他说自己也曾有过和他类似的经历，后来看到过关于电子产品生产者不让自己的孩子碰手机和电脑的文章，感到很震惊，开始反思自己的行为。

看到雨泽露出迷惑的表情，小张趁机接着说文章的大致内容：那些生产手机、电脑的互联网大佬们，是怎么对待孩子玩手机和电脑的呢？史蒂夫·乔布斯（Steve Jobs）不会让自己年幼的孩子靠近 iPad；现任苹果公司 CEO 蒂姆·库克（Tim Cook）说他不会让自己的侄子上社交网络；比尔·盖茨（Bill Gates）禁止他的孩子在十几岁之前用手机——科技大佬们如此谨慎地限制自己的孩子们使用手机，普通的技术专家也是如此。在硅谷工作的风险投资人约翰·利利（John Lilly）表示，他试图帮助自己十来岁的儿子理解，他被那些科技产品操控住了；前社会计算研究员克里斯廷·施特歇尔（Kristen Stecher）说5岁和3岁的女儿们完全没有使用屏幕时间的预算。硅谷整个地区出现了各种对高科技电子产品说“不”的家庭，保姆们普遍被要求签署不用手机的合同。硅谷互联网公司开发的许多游戏和社交网络利用人类大脑奖赏回路的弱点，让人沉迷于此，但开发者坚决不让自己的孩子从小接触电子产品。

小张的话给雨泽心灵带来的震撼远胜于老师和爸妈的长篇说教，他低头不语。小张说：“知道了真相后，我不想再被游戏控制了。我还会接着玩，毕竟游戏是挺好玩的，但什么时候玩，什么时候不玩，玩多长时间，都要由我自己掌握，而不能被游戏控制。雨泽，你觉得我的做法对吗？”

雨泽默默地点点头。

“雨泽，现在我们都没在玩游戏，也就是说，此刻我们不在虚拟世界里，而在现实生活中，那么我们就聊点现实的事情，好吗？”小张开始“进攻”。

“好的。”雨泽答道。

“你觉得现在的生活状态好吗？”小张问。

“不好！我现在上课时注意力根本无法集中，不知道老师在讲什么，听不进去，作业不会做，考试也考不好。考试成绩出来后，爸妈要跟我‘玩命’。最近就更糟糕了，他们不让我碰所有的电子产品，更不用说游戏了，我心里都快憋疯了……”雨泽说着说着就哽咽了，感觉自己有点委屈。

“我很同情你，因为我也有过类似的经历。我想帮助你，也有能力帮助你，我可以帮你重新恢复正常的生活，还能教你玩游戏的诀窍。”小张接着对他循循善诱。

雨泽很感动，听一位老师级别的人教他玩游戏，还真是第一回。他认定这是一个真正理解他，并愿意帮助他的人。

4. 共同讨论，形成正确认知

发展自控能力，矫正过度使用电子产品的行为，先从形成正确认知开始。咨询师小张和雨泽共同探讨了以下几个问题。请注意一个技术细节，在讨论中，咨询师是在引导，所有的结论必须由孩子自己得知，而不是强行塞给他们。这就是心理咨询与一般性教育的显著区别。

问题一：使用电子产品，玩网络游戏是生活的一部分还是生活的全部？

这个问题很简单，也没有什么争议。雨泽当然也认同这是生活的一部分。

问题二：它是生活的主要部分还是次要部分？

小张对雨泽说：“我认为生活由三个部分组成：一是生存，比如吃饭、睡觉，没有生存，人就活不下去；二是发展，发展就是一个人要长本事，适应社会，这样才能在这个世界上立足，才有尊严；三是爱好，没有爱好，活得就没情趣。现在请你把这三个部分按重要性程度排个序。”

雨泽略一思考，便排出次序：生存，发展，爱好。

问题三：生活的这三个部分，如果主次顺序颠倒了，会发生什么情况?

小张说：“在我看来，如果主次顺序颠倒了，生活就会混乱。咱就直说了吧，如果把游戏放在第一位，生活就会鸡飞狗跳，是不是这个情况？你现在面临的生活情境是不是如此?”

雨泽点点头，表示认同。

他接着说：“由于你颠倒了主次顺序，不仅‘主’没有了，好像连‘次’也没有了。你爸妈现在是不是不让你玩任何游戏了?”

“是的。”雨泽回答道。

小张说：“在我看来，次要的也是必要的，没有业余爱好的生活是枯燥的。你可以使用电子产品，也可以玩游戏，只要有度即可。有度即可玩，无度就没得玩，这是要面对的现实。”

我们请来雨泽的爸妈，以文字的形式签订了三方合约。主要内容是：雨泽在每天完成作业以后，可以玩一个小时电子产品（含游戏）；周六、周日可以玩一个半小时。雨泽在规定的游戏时间内，爸妈不得打扰；如雨泽在作业未完成时就玩游戏或出现超时状况，半个月内不得接触电子产品或游戏。双方签字，咨询师小张作为第三方见证人。

签完合约后，我们发现雨泽和他的爸妈都长长地出了一口气。这表明，他们都认同这一方案。

有人说，闹了半天，你们不还是让孩子玩手机和游戏吗？是的，还让孩子玩。即使是减少玩的次数与时间，也不应当是断崖式的全面禁止，而应该是一个循序渐进的引导事情良性发展的过程。这在心理学上叫“系统脱敏”。

5. 利用浅催眠技术，干预潜意识

形成正确认知，只是解决了意识层面的问题。但人类的大量行为受潜意识左右，人的认知与行为常常有分离现象。举个例子，吸烟的人也知道吸烟有害健康，但并不会因此而停止吸烟行为。为什么呢？与“瘾”有关。

瘾是一种深植于潜意识中的物质依赖或者精神依赖，它让人在愉悦与快乐中失去自我。因此，凡是解决与“瘾”有关的事情，一定要和潜意识对话。

与潜意识对话，有一个很好的工具是催眠术。催眠术是一种心理治疗技术，它可以迅速进入人的潜意识，在无对抗的状态下改变观念，消弭心理情结，提升身心状态。也有人对催眠术有顾虑，害怕神经系统受伤害，或者是精神受控制。这种担心是多余的。现在已经发展起一种浅催眠技术，帮助人们解决许多蛰伏在潜意识中的问题。我们的心理咨询师在给雨泽做了三次放松训练之后，就将雨泽导入浅催眠状态。在浅催眠状态中，咨询师做了三件事。

第一件事，释放焦虑与压力。

成瘾与焦虑、压力有关。另外，任何积极的改变都需要有一个良好的精神状态。咨询师在浅催眠状态中对雨泽做了以下暗示：

你身体的各部位都已经放松，现在请享受这放松后宁静而舒适的感觉……再做三四次彻底的深呼吸……每次吸气时能将新鲜的空气带进身体，每次呼气时能将用过的空气排出身体。就像一只风箱……吹着健康的风……

每一口呼出的气都能带走体内的压力……带走担忧……带走不适。就像一只正在煮着水的茶壶，蒸汽从茶壶中跑出来，释放了壶中的压力……

你能感受到身体上的肌肉在放松……这种感觉从头部往下扩散……到达脸……到达肩膀……到达手臂……到达胸部……遍及整个背部……

脑海中出现一幅画面：你看见自己正站在楼梯的顶端，感受周围的气味和声音，如鸟语花香……如果听到车驶过或飞机从头顶飞过……就可以把所有的焦虑……所有的压力都装进手提箱或包裹，扔到汽车或飞机上。当它们的声音渐渐远去……紧张和压力也随之远去了。一定是这样的，不会错的！

第二件事，建立新型条件反射。

在浅催眠的状态中，首先让雨泽产生愉快而舒适的体验：

你已进入令人陶醉的浅催眠状态中，全身心都很放松，很放松……

想象一下：你正仰卧在水清沙白的海滩上，沙子细而柔软，阳光暖暖地照在身上，耳边传来海浪轻轻拍打海岸的声音，思绪随着节奏飘荡，涌上来又退下去，感到一阵说不出的舒适……你的头很轻松……脖子很轻松……手臂很轻松……腿脚很轻松……整个人的心灵变得很平静……

现在，你已到达自己内心的秘密花园，周围繁花似锦，意识飘移到更深的催眠状态中……

你看到了手机、电脑，还有那款特别熟悉的游戏……你正在尽情地玩耍，很开心。这没什么不好，也没什么不对。突然，一阵刺耳的警铃声响起，那是规定时间到了的信号。手机、电脑立即黑屏，随即又亮了起来，出现的不再是游戏，而是一个人伸出手，那是拒绝的手势。他告诉你，到点了，不能再玩了！

可是你的手还想伸向鼠标，但鼠标像一块烧红的烙铁，非常烫手，你的手又缩了回来。是有点不太开心，可是没关系，你还可以玩点别的，比如，喊小伙伴们打篮球，或者读一本有趣的书，它们同样可以给你带来欢乐，一定是这样的，不会错的！

今后，只要玩手机、电脑的规定时间一到，你的耳畔就会响起警铃声，鼠标也像一块烧红的烙铁，非常烫手。再次想象这样的场景，想象其中的每一个细节，并且深深地印刻在你的潜意识中……

第三件事，在潜意识中搞一场仪式性活动：

你现在已经彻底地放松，包括身体，也包括心理……

想象一幅画面：你正走在一条田园小路上，完全被周围的自然风光所吸引，道路两旁的树木郁郁葱葱，星星点点的野花点缀着绿茵茵的草地；天空湛蓝，万里无云，阳光明媚，你脚步轻盈地走着，心情愉悦极了……沿着小路继续往前走，边走边唱，声音非常美妙和动听，感到非常放松和自由自在，就好像完全忽略了他人的存在……

前面是一座风景秀丽的小山，山上的树木郁郁葱葱，你在往山顶走去……你的步伐很轻松，一会儿就到达山顶。大树下有一把铁铲，你用它挖一个坑，挖得深一点，再深一点……好的，好的！把你的“心瘾”拿出来，放到坑里去，然后再盖上土，栽上一棵小树苗……“心瘾”留在了山上，彻底离你而去……

这是一个重要的时刻，你得留个影作为纪念。

手持铁铲，摆个姿势，自拍一张照片……

你觉得自己很了不起。

沿着小路走下山去，“心瘾”留在了山上，你感到很轻松，很开心。一定是这样的，不会错的！

经过十次浅催眠治疗，蛰伏在雨泽潜意识中的网瘾渐渐消除了。

6. 配套举措

我们嘱咐雨泽的爸爸妈妈在家里要做好这些事。

一是建立家庭电子产品使用的时间禁区、地点禁区。比如，学习和吃饭的时候，大家都不能看电视、玩手机。学习的时间就不用说了，吃饭的时间是一家人交流亲情的最好时光，一家人边吃边聊，氛围十分和谐。保持地点禁区——卧室没有电子设备。全家人都禁止在卧室使用智能手机、平板电脑等电子设备，卧室就是放松和睡觉的地方。这个规则适用于所有家庭成员，而不仅仅是雨泽。

2019 年 5 月，《新媒体时代家庭媒介素养认知现状调查报告》在京发布，调查对象为北京市初中生。根据数据显示，孩子每天使用手机或平板电脑上网的时间大多是 3 小时以内，而有 7.6%

的父母每天使用时间超过 6 小时。如果在家中，孩子看到大人整天捧着手机不松手，而他们又要求孩子不能接触电子产品，这行得通吗?

二是提供丰富的替代性活动。心理咨询中的一个重要原则是：当你试图消退某种行为时，一定要出现某种替代性行为，只取不予，或者是消除不了，或者是产生严重的心理失衡。要想让孩子少玩手机、游戏，那就要为他们提供另外一系列的活动。这些活动没有特别规定，可根据孩子的兴趣与可行性而定。琴棋书画，体育活动，甚至是养小猫小狗，都是可以接受的。不能让他们闲着，闲着会无事生非。

父母也应该多陪伴孩子到户外活动。比如，带孩子出去散散步、打打球、逛逛公园，或去游乐场、动物园玩，让锻炼成为一种家庭活动，而不是一天到晚想着“泡”手机。孩子在真实环境里的体验很重要，让他们感受大自然的真实色彩和声音，而不是让他们沉迷于电子产品的诱惑。陪伴孩子会占据父母的时间，这就需要父母处理好工作、娱乐与教育孩子之间的关系。做父母的要明白，在孩子儿时多付出一些，孩子长大之后就会让自己少操心。父母在孩子小的时候疏于照顾，孩子长大之后的教育问题就会让父母倍加辛苦，也难以取得教育效果。

三是引导孩子合理利用手机的正面效应。比如，利用手机上一些阅读应用来进行学习。平时带着孩子外出时，可以引导孩子使用地图查询出行方式，并通过手机软件查询附近的景点和美食，让孩子把电子产品里的信息和现实生活联系起来。除了这类应用功能外，还可以让孩子练习拍照、录像、录音等和生活紧密联系的实用性功能。

经过三个月的训练与调整，雨泽的情况有了明显好转，具体表现在三个方面：第一，社会性功能得到有效修复。基本做到按时吃饭，到点上学，按时睡觉。第二，人际关系得到改善。与父母冲突的次数与程度明显降低，情绪暴怒、与人交流不耐烦的现象也逐渐减少。在学校里，与老师、同学的人际关系也有所改善。第三，人变得开朗了，不再自我封闭，很少会用沉默的状态回应外部世界。

当然，最直接的、也是他的父母最想看到的是过度使用电子产品、沉溺于网络游戏的现象有了根本性的改观。他成了一个喜欢电子产品和网络游戏的孩子，而不是一个有网瘾的孩子。这是一个完全可以接受的结果。

训练复盘

沉迷电子产品不能自拔的孩子，上课时经常精神恍惚，有时候让他们回答问题却不知所云。因为习惯了动态的电子产品，静态的黑板、书本对孩子的刺激太弱，注意力不集中随之产生。禁止孩子使用电子产品只会适得其反，要和孩子协商使用电子产品的时间、地点及奖惩措施，引导他们合理利用电子产品的正面效应，并根据孩子的兴趣提供丰富的替代性活动，让他们从虚拟世界走回现实生活。父母在孩子小的时候疏于照顾，孩子长大之后的教育问题就会让父母倍加辛苦。

多动冲动的孩子：
动静结合，体验安静的乐趣

孩子活泼好动，是精力旺盛的表现，也是天性使然。如果你到动物园，会看到小猴子总是活蹦乱跳。所以说，活泼好动是孩子的天性，我们不能把孩子的天性误以为是多动。提醒一下，有不少家长存在两种方向相反、危害相同的认识误区：孩子有多动倾向，不闻不问、遮遮掩掩是错误的；误把孩子的活泼好动当成多动则是一个更大的错误。

1. 多动的特点与鉴别

你家的孩子究竟是活泼好动，还是多动呢？你可能分不清楚，但你肯定很想分清楚。先描述一下多动的特点。

一是活动量过大。多动现象大约从幼儿早期开始，进入小学后更显著。看书看不了几页就换一本，或干脆把书撕了；有时翻箱倒柜，搞得乱七八糟。开始上学后，常常手脚动不停、坐不住，上课小动作多，在座位上扭来扭去，经常话多、乱跑、乱跳、爬上爬下。他们站不稳，坐不住，一刻都不能停下来。

二是话多，也没逻辑。多动的另一种表现形式是话多，从早到晚，说个不停。说的话也没什么明确的目的指向与逻辑性，有时自己也搞不明白说了些什么，并且说话时不考虑场合是否合适，在别人讲话时插嘴或打断别人的谈话，在老师的问题尚未说完时便迫不及待地抢先回答，缺乏等待的耐心。

三是情绪不稳，冲动任性。多动的孩子情绪不稳定，易激动、易怒、易哭、易冲动，常发脾气。个性倔强，固执、急躁、表现幼稚，缺乏荣誉感，不辨是非，有的说谎、逃学、欺骗，甚至染上恶习。

以上三个特点造成多动的孩子在两个方面的适应困难：一是社会适应困难，他们常常是集体规则的破坏者；二是学习适应困难，多动的孩子虽然智力正常，但常常表现为学习困难，学习成绩忽上忽下、波动很大。让孩子坐在一张椅子上，要求他的头、手、脚、腿全都保持一分钟不动。你要告诉孩子，如果他能做到，将会得到什么样的奖励，这个奖励要足以让孩子动心。同时更要告诉他，如果做不到，将会受到什么样的处罚，这个处罚要足以让孩子感到难受。反复给孩子讲清楚要求和奖罚措施，确认孩子完全明白后，才能进行测试。如果孩子在一分钟内能保持不动，那这个孩子平时动得多的话，就属于活泼好动；如果坚持不了一分钟，基本可以判断他属于多动。因为多动是一种生理反应，即使自己想控制，也控制不了。

由此测试可知，判定一个孩子是否有多动特征，主要指标不是活动量，而是自我控制的程度。动若脱兔，静若处子的特点就不属于多动，而无法控制自己的动作或语言才是多动的特征。

接下来让我们看看一个多动孩子的训练过程。

2. 多动孩子如何释放精力

从早晨醒来到晚上睡觉，上幼儿园大班的亦兵总是处于“永恒的运动状态之中”。他在家里上蹿下跳，翻箱倒柜；到幼儿园也是四处乱蹿，没有片刻安宁，让他安静地坐着上一节课几乎是不可能的事。除了看动画片《小猪佩奇》时能安静下来，其他时间都是在不停地动。我和这个孩子以及他的家人一起吃过饭，亦兵一会儿爬到桌子上，一会儿又钻到桌子下面，透过桌肚还打了我一拳。

除了多动，亦兵的话也多，整天唠唠叨叨、说个不停，人多的时候更来劲。他究竟都说些什么呢？其实他自己也搞不明白，因为他说的话混乱无序。

无论是肉眼观察，还是专业测试都表明：这是一个多动症儿童。他爸妈带他看医生，服药后情况确实有所好转，但因为担心药物的副作用，就找到了我，希望以非药物的方式来帮助孩子。

我们先从做测试开始。亦兵妈妈好奇地问我："这孩子多动状况这么明显，我们去医院时也已经确诊，还需要再做测试吗？"我说："当然需要！作为训练师，不仅要确认孩子是多动障碍，更需要知道类型与特点，这才便于以后的工作。"

测试的结果是：亦兵的视觉控制力与听觉控制力水平都不高，尤其是视觉控制力处于差等级中得分偏低的那一类。这是一个典型的注意缺陷与多动障碍的儿童，是需要服药的。虽然亦兵爸妈有思想准备，但看到这个结果还是内心很不安。我对他俩说："不要担忧，这种情况是能够改变的，对孩子要有信心！"

孩子刚来时，正常的训练根本就无法展开。他动个不停，对工作人员的指导置若罔闻。于是，训练工作从做游戏开始，并且是大运动量的游戏，一直玩到亦兵累倒在地板上不能动。在这个过程中，他很开心，也与我们的工作人员建立起良好的关系，甚至有点依恋了。

一周以后，我们的工作人员突然严肃地对他说："喜欢这里吗?”

“喜欢!”亦兵回答。

“那好，要想经常来这里，必须遵守这里的规矩。也很简单，见到我要说‘老师好’，走的时候要说‘老师再见’。”工作人员开始采取措施。

这个要求不高，亦兵完全接受。但这是第一步，后来逐步提出要求，建立规则感。顺便说一下，对这些孩子一开始就提很高的要求没有任何意义，还会给他们带来对立情绪。当孩子同意并执行了第一个不那么高的要求后，对第二个、第三个要求接受起来就没那么困难了。

一段时间后，亦兵的爸妈对他说:“最近你的表现挺好的，我们决定给你一个大大的奖励。送你到体育馆学游泳，而且给你找私教。”亦兵很兴奋，高兴得跳了起来。游泳教练是个肌肉线条十分优美的帅哥，是亦兵心目中的偶像。教练也很喜欢他，说他有灵气。

把孩子推向运动场，鼓励孩子专注于他们所喜欢的体育运动项目，十分有利于克服多动行为，培养自控能力。体育运动的好处有两个，一是可以大量消耗精力，二是体育运动必有规则，长期参加体育活动，规则感就能在潜移默化中建立起来。而选择游泳这个运动项目也是大有深意，游泳对提升专注力也确有帮助。

2008 年北京奥运会上，一位美国游泳运动员取得的辉煌成绩让人钦佩不已，一个人就获得了八块金牌，他就是迈克尔·菲尔普斯（Michael Phelps）。当溢美之词铺天盖地扑面而来时，大家不会想到——他曾被确诊为 ADHD——他的童年是在挫折、自卑和拼搏中度过的。ADHD，即注意缺陷与多动障碍症，也就是我们常说的多动症。上课时，菲尔普斯总是无法长久地集中注意力，老是动来动去。因为这一点，老师们要求他的父母将他带回家治疗。

为了给菲尔普斯建立自信，父母决定送他去学习游泳。他的两个姐姐都是远近闻名的游泳健将，因此他的父母认为他也会有游泳天赋。可刚开始的几周时间里，无论大家如何劝说和鼓励，菲尔普斯始终不肯下水——他无法克服自己对水的恐惧。

后来，情况发生了戏剧性的逆转。菲尔普斯 11 岁那年，拜鲍勃·鲍曼（Bob Baumann）为师，每天待在游泳池里至少 5 个小时，每周刻苦训练 7 天，每周游 8 万米。上课时常分心的菲尔普斯，训练时却有着异于常人的专注与坚持。

大家知道，多动的孩子很难坐得住，即使让他们老实地坐在椅子上一小会儿，都会让他们非常难受。他们会抖腿、弹手指，或者不停地跺脚，有的甚至上课时也要站起来，来回走动。强行把多动的孩子摁在椅子上，不让他们动，也不让他们说话几乎是一件不可能的事。所以还是要顺势而为，采用动静结合的训练方法，即先让他们动，把旺盛的精力发泄出来，然后再引导他们向静的方向发展。顺便说个小技巧，抖腿、坐立不安，是多动孩子最常见的情况。家长可以在孩子的腿上，各放一个孩子喜欢的小零食（如果冻），规定 3 分钟内不掉落就可以得到零食，用这种形式鼓励孩子安静下来。

3. 安静感的训练方式

亦兵在我工作室的大运动量游戏以及每周坚持的游泳训练，都消耗了他大量的体能。在日常生活中，他动得比以前少了，甚至有时想静一静。这时，我们便对他做以“体验安静”为主题的心理训练。多动的对立面是安静。让孩子体验到安静的乐趣当然十分有利于减少多动行为，增强专注能力。我们通过以下两款心理训练，调整亦兵的心理状态，消减他的多动行为。

第一种训练叫“我很安静”。“我很安静”这个训练方式其实就是静坐，对于多动的孩子，长期坚持做这个训练很有帮助。

我来具体介绍一下训练过程。

训练师、亦兵和其他几个孩子围坐在一起，由训练师主持。主持词是这样的：

我们现在练习“我很安静”。盘腿坐好，把手放在膝盖上，全身保持安静和不动。现在我们来说“我很安静”。

轻轻地说三次：我很安静，我很安静，我很安静。现在吸气的时候默默地说“我”，呼气的时候默默地说“很安静”，闭上眼睛，吸气的时候默默地说“我”，呼气的时候默默地说“很安静”。吸气时说“我”，呼气时说“很安静”。再来一次，吸气时说“我”，呼气时说“很安静”。再来一次，吸气时说“我”，呼气时说“很安静”。

现在深深地吸气，慢慢地呼气，你现在感觉很舒服。在接下来的几分钟里你将保持这个状态，保持2至3分钟。你是非常安静的，你在生活和学习中也会是非常安静的。慢慢睁开眼睛，你会越来越棒的。

第二种训练叫“我们一起变成一座大山”。用大山的意象，使孩子进一步感受稳定与安静的感觉。过程是这样的：

现在我们来练习变成大山。盘腿坐好，调整好身体，双手放在膝盖上。坐直，后背挺直，想象你是一座大山。大山不发出声音也不动，大山下面连着大地，向上一直伸向蓝天。你的腿是山底，连接着大地，从你的腰到你的头是山峰，现在把手臂向上举起，一直伸到天空里。

闭上眼睛想象你从大山山顶能看到什么东西。也许你看到了太阳、飞着的鸟、飞机和彩虹（停顿5至10秒钟）。现在手臂慢慢放下，把双手放在膝盖上。深深地吸气，慢慢地呼气。觉察你

现在的感觉，慢慢地睁开眼睛。

每次训练之后，让亦兵说说他的感受，是否从安静中获得了愉快的感觉。训练师需要有意识地强化这种感觉。久而久之，这种感觉就会成为一种心理定式，多动的状况会逐渐改变。

做了几次训练以后，让亦兵回去教爸妈做。人都有想当老师的一面，孩子也是如此。由他来当训练主持人，让他很有成就感。当然，所有这些办法都是我们事先与家长“串通”好的。后来，静坐游戏成了他们家的一个传统家庭游戏，除了训练专注力之外，还起到融洽家庭气氛的作用。

4. 配套的家庭教育措施

大约一个月之后，亦兵已经可以开始正常训练，除了脑电生物反馈训练、认知训练等专业手段之外，配套的家庭教育措施也紧紧跟上。

措施一，理解孩子，多给孩子一些关爱。

理解孩子的多动行为不是故意调皮捣蛋，而是由专注力的缺失导致的行为状态。他们不是“坏孩子”“熊孩子”。告诉孩子：爸妈将和你一起努力，去克服多动现象——当孩子清晰地感知到家长的这种理解时，就能调动起积极的情绪，这是很重要、很关键的一步。亦兵的爸妈在认识到这一点之后，对亦兵的态度有了根本性的改观。过去，家里充满了斥责声，然后是各种亲子冲突。现在，家里的气氛变得平和了些，全家人都在一种轻松的氛围里相处，似乎亦兵的多动行为也少了一些。

有个情况要做特别说明。有时候孩子的多动只是想引起别人的关注，那是来自潜意识的冲动——因为爱的缺失的一种折射反映。由于内心世界缺乏安全感，潜意识驱使他们通过过量的运动甚至出格的行为来引起父母的关注与关爱。孩子太小，不知道怎样表达自己内心的一些想法，动来动去只是他们内心世界的一种倾诉和表达，是获得安全感的一种方式。如果是这样，家长就要自我反省一下，是不是最近对孩子的关爱不够？多动的孩子更需要关心和爱，适时地给他们拥抱和亲吻，孩子也会变得安静些。家长多与孩子有亲密举动是有益无害的事情。

措施二，对亦兵提的要求符合实际情况，有实现的可能性。

承认孩子本来就动得比成人多的事实，接受自家孩子动得比同龄人更多的现实。认清行为的改造、能力的培养是一个长期的、渐进的过程。在给孩子提要求时，一定要符合实际情况，有实现的可能性。家长要抛弃完美情结，不要总是以完美的标准去要求孩子。这么做你会感到失望，孩子也会感到失望。教育者与受教育者都感到失望了，事情会有好结果吗？当然不会。我们给亦兵爸妈的建议是：他们所提的要求，好比是树上的桃子，是孩子跳起来能够摘到的，而不是跳起来也摘不到的，更不是不用跳就能摘到的。还有个技术细节要提醒一下，在家庭管理中，不要对孩子的每一次多动表现都加以指责与管束。有时，说得太多，管得太频繁，作用力就会递减。

措施三，让孩子的生活充满有意义的活动。

训练这样的孩子，动是必然的，也是必需的，由动到静才是顺势而为。但是这个“动”与他们平时的瞎动，乱动，无方向、无目的的“动”不是一回事。家长要把他们旺盛的精力引导到正确的方向与路径上，让有价值、有意义、有趣的活动充实他们的生活。

比如，鼓励孩子发展自己的业余爱好，和热爱的活动建立联系，自己喜欢的事，不管是什么事，都会很投入。投入意味着要耗费精力，也会引发专注力；鼓励孩子交朋友，多和小伙伴在一起玩耍。童年时代，和伙伴们在一起玩耍是最快乐的事情。这种玩耍可以愉悦情绪，可以帮助孩子从以自我为中心的想法里走出来，也可以增强孩子的责任意识与人际交往能力；在家庭生活中，带着多动的孩子出去玩，与大自然亲近。平时在家也多做点家庭活动与具有训练意义的家庭游戏。

如此众多的活动，足以消耗掉孩子旺盛的精力，而且这些活动对于孩子人格的完善、知识与能力的增长、积极情绪的培养、良好意志品质的塑造都具有非凡的意义与作用。

措施四，在家中安排一些训练孩子耐心的活动。

可以安排一些孩子有兴趣的、可以训练耐心的活动，如玩拼图或拼装玩具，再如穿针、下棋、弹奏乐器等。这些活动需要动手、动脑，大部分孩子对这些活动都有兴趣，乐于去做。孩子在这些活动中有了进步、有了成果（如玩具拼装成功）后，家长要给予一定的奖励，让孩子有成就感。然后慢慢提高任务的难度。这是一个娱乐的过程，也是提高专注力、减少多动行为的训练过程，最好是家长与孩子一起参与，给孩子陪伴和指导。

措施五，用“忽视”应对话多。

多动孩子的一个特点是话多，常常不分场合地与别人喋喋不休。别人不理他，他也无所谓，坚持要把想说的话说完。说的话也没什么章法，想到哪儿说哪儿，就连自己也记不清楚前面说过什么。面对他们的喋喋不休，训斥没有意义，也不起作用。有一种方式叫“忽视”，就是当他们话多的时候，不关注、不理睬，把他们的废话当空气，家长该干什么干什么，这可以有效扼制他们话多的行为表现。在对孩子杂乱无序的话语忽视一两分钟之后，可以轻轻地对孩子说：“你刚才说了什么，我没听清楚，能再说一遍吗？”这时，孩子的情绪会因你先前的“忽视”而冷静下来，再说话时会变得简短，逻辑性要强一些。这也是一种有效的训练方式。

措施六，利用环境感染行为。

人与人之间存在“情绪感染”与“行为感染”现象。别人怎么做，我也怎么做，是成人自然而然的无意识反应，孩子就更容易受感染。大学生要看书的时候，特别是在考试之前，通常不在宿舍和教室里，而是到学校图书馆的自习室去看书、写作业。因为图书馆自习室的氛围特别好，上百人在自习室里都没有大声说话的，每个人走路的声音都很轻，谁要是在里面喧哗、接打电话，会遭到别人的反对。事实上，你一旦到了这种氛围中，就会被迅速感染，会尽量地安静下来。亦兵家附近的街心公园里就有一个“城市书房”，爸妈对他说那里有他喜欢看的漫画书，亦兵很高兴地要去书房。果然，一进入静悄悄的环境氛围，目睹里面的人都不出声，走路也是轻手轻脚，亦兵受到了感染，自己的动作也放慢了，尽量不出声。

5. 培养安静感的游戏

我们向亦兵爸妈推荐了三款游戏，这些游戏对于抑制多动、培养安静感很有帮助。

第一款游戏是“我是木头人”。物料准备包括一次性纸杯（或者塑料杯、塑料盒）、凳子、计时器。第一步，让孩子坐在一个高矮合适的凳子上，告诉孩子坐好后不可以乱动。第二步，将一次性纸杯（或者塑料杯、塑料盒）放在孩子头上。第三步，纸杯放好后，家长开始进行计时，可设定为一分钟，或两分钟。第四步，在计时过程中，纸杯不可以掉落，如果中途纸杯掉落，则重新开始计时。

事先约定好奖励或惩罚措施，最好是家长和孩子一起做，可以角色互换，特别要注意的是家长要给孩子赢的机会。

第二款游戏是“平衡杆”。准备一些铅笔或筷子。第一步，每个家庭成员将铅笔置于自己的食指指肚上，保持铅笔的平衡状态不能掉落。第二步，将铅笔抬升至与自己的眉毛齐平的位置，然后再缓慢将铅笔移至地面。家庭成员要依次完成以上动作，中途铅笔掉落则记为输，需要表演节目。为了增加难度，还可以配合用成语接龙、古诗接龙的方式完成以上任务。

第三款游戏是“筷子夹豆”。游戏开始前，准备好一碟黄豆（20颗）、一双筷子、一个空杯子。将碟子放置在杯子旁边，间隔约30厘米，让孩子用筷子从碟子中夹黄豆到杯子中，如果在夹放黄豆的过程中黄豆掉落，则需要把黄豆夹回碟中，重新开始夹取。孩子做游戏时，家长在一旁计时并监督。如果是小学三年级以上的孩子，可以将黄豆更换为更小的绿豆来进行游戏。在游戏过程中尽量不要干扰孩子的动作，不去指导他该怎么做，让他自由发挥。

经过不到一年的训练，亦兵的多动状况有了很大的改善。虽然他动得还是比别的孩子多，但在我们看来，这没有什么不好的，这是他的一种个人特质，也是精力充沛的表现。进入小学后，亦兵能够很好地适应小学生活，该安静时能安静，上课时能做到基本遵守纪律，偶尔有些小错误、小违规，也是在可以接受的范围之内。在活动课时，他生龙活虎，十分活跃。这就是一个正常的孩子了。

训练复盘

动个不停、废话也多的孩子，他们的行为方式是可以通过专注力的训练有所改变的。对这样的孩子一开始不要提出很高的要求，不然会给他们带来对立情绪。采取动静结合的训练方法，让孩子先多运动，在释放他们过多精力的同时，有利于帮助他们克服多动行为，培养自控能力。然后再引导他们向静的方向发展，让他们体验到安静的乐趣，增强专注能力。一定要理解孩子的多动行为，多给他们一些关爱，这样他们才有安全感，才愿意去改变。

缺乏时间概念的孩子：建立有次序感的生活模式

时间是人类最宝贵的资源之一，时间对每个人来说都公平，每天都是24小时，既不会多，也不会少。但在时间的利用率上，差距可就大了。中国古代著名的两句劝学诗是“黑发不知勤学早，白首方悔读书迟”。珍惜时间，有效、充分、合理地利用时间，首先要有时间概念，然后才能合理地分配时间、利用时间、遵守时间。缺乏时间概念的孩子，常常把他们的学习与生活搞得无序、混乱、紧张。

1. 给时间概念画个像

有位家长对我吐槽说：有一种困难是叫孩子起床，有一种无奈是孩子做事太拖拉。她的孩子莎莎，一位四年级的小学生，就因为缺乏时间概念，让父母很闹心、很揪心。我立刻明白了家长的痛点是在孩子缺乏时间概念上，于是对她说："首先向你推荐一个有关时间概念的小测验，你回去先给孩子做一做，然后我们再聊。"

这个小测验包含两个项目。一是让孩子估计一下 1 分钟的时间有多长。家长喊开始后计时，孩子觉得 1 分钟到了就喊停，看看孩子对 1 分钟的感觉是否精确。二是让孩子做一件事情，做事前请孩子预估完成的时间，然后计时，等她做完之后，看看与她预估的时间有多大差异。

以上两个小测验，如果误差的时间在 10% 以内，说明孩子对时间的把握度很高，能够支配自己的事情，不需要依赖成人的指令行事；如果误差时间超过 20%，说明孩子对时间概念很模糊，不清楚自己在规定的时间里能做些什么事情，也不清楚自己做事的效率；如果误差时间超过 50%，说明孩子根本没有时间概念，完全不知道该如何计划时间，更不知道该如何支配时间。

第二天，莎莎妈妈就把测验结果反馈给我：孩子第一个项目的误差是 47%，第二个项目的误差是 43%。很显然，莎莎的时间概念严重不足。我对莎莎妈妈说："时间概念不强的根源在专注力上，也与家庭生活方式、家庭教育方式有关。我们还是先做一个专注力的测试，看看孩子专注力的状况及特点，然后我来规划一个针对性训练方案。”

视听整合测试的结果是这样的：

视觉注意力：差

听觉注意力：中等

视觉控制力：中等

听觉控制力：中等

看到测试报告后，莎莎妈妈来到我的工作室。我对她说：“不用你开口，现在我就可以向你描述莎莎的行为表现了：早晨喊她起床，她不理不睬，喊急了，她就说再睡一会儿马上就起，但就是不动；你告诉她明早上学一定要交作业，赶紧写作业吧。然而她无动于衷，眼睛还是盯着家里的小猫小狗；你对她说一周以后就要考试了，要抓紧复习，她也不当回事，还是在刷手机……”

莎莎妈妈说：“您说得太对了。就拿早晨上学的事来说吧，好不容易把她喊起来，洗脸的时候却对着镜子发呆。问她在干吗，她说没干啥，就是想看看自己的形象。实在来不及吃早饭了，爸爸拿上牛奶和面包，火急火燎地开车送她去学校。下车的时候已经迟到了，可莎莎还是不慌不忙地向教室走去。至于做作业时的那个拖拉劲，就更不用说了。”

我对莎莎妈妈说：“这是因为在莎莎的心理世界里只有两种时

间，那就是现在和非现在。一小时以后的事，一天以后的事，一周以后的事，根本就不在考虑之列，因为这一切都是非现在时间。她感兴趣的就是当下能刷刷手机、玩玩橡皮。如果两件事或者几件事摆在她面前，她不能判定哪件事更急迫、更重要，完全按自己一时的兴致做先后处理，甚至一概置之不理。

“孩子需要做专注力训练，她缺乏时间概念、作业拖拉，上课时也存在分心现象。这不仅给你们带来生活上的困扰，更重要的是她的大脑潜能会因为专注力的不足而得不到充分的释放，达不到本来可能达到的高度。”

莎莎妈妈欣然接受我的建议，对我说：“芮老师，孩子我就交给你啦！”

我说：“且慢！我得更正一下你的观念。我的确是一名儿童专注力训练的专家，可我只能做我可以做的事。至于对孩子的培养，任何人都不能替代他们的父母。在我要给你的训练方案中，有我们专业人员做的事，也有父母应该做的事。大家把自己该做的事做好，训练才会有成效，才能做到事半功倍。所以，在这个训练过程中，你是参与者，而不是旁观者。”

我给莎莎规划了一个为期 6 个月的训练计划，包括脑电生物反馈训练、认知训练以及家庭教育措施。根据不同的训练进程及反馈，对方案进行调整完善。方案出来后，莎莎妈妈表现出一丝忧虑。她的女儿愿意接受这种训练吗？怎么对她说起这件事呢？她想了一大堆的说辞，也考虑从什么角度去说最为合适，结果却大大出乎她的意料，莎莎听过后很高兴地表示接受训练，并且对妈妈说了声“谢谢”。

原来，她对自己的状态也不满意，也不想因为这件事常常受到老师尖锐的批评。她坦言许多情况下不是不想积极地做事，而是控制不了自己。

孩子的内心世界，有时并不是我们想象的那样脆弱。

莎莎妈妈喜出望外，训练自此拉开帷幕。以下我们主要来谈谈家庭训练中的那些事。

2. 创设一个有时间感的氛围

给莎莎营造一个良好的环境，有利于时间概念的形成。因为人是环境动物，环境的耳濡目染胜过千言万语的说教。我提的建议包括：一是家中至少摆放一个长短针走动的机械钟或电子钟，它比数字显示的钟表要更形象，更具有提醒功能；二是给莎莎买一块儿童手表，每天戴手表也是一种时间意识的提醒，仪式感有时很重要；三是书桌前可以摆放珍惜时光的标语铭牌；四是爸妈自己要有时间概念，他们的不守时，包括上班、聚会迟到，会给孩子树立一个坏榜样。家长在出现不守时的情况时，也不要以种种借口给自己开脱，这同样会给孩子带来负面影响。

3. 开展时间概念的教育

我要求莎莎妈妈在网上搜索一些这方面的故事，在休闲的时候，以不经意的方式，给莎莎讲故事。

举个例子。

妈妈说："想象有一家银行，每天早晨都在你的账户上存入86400元。可是每天的账户余额都不能转到明天。一到结算时间，银行就会把你当日未用完的款项全部删除。莎莎，遇上这样的银行，你会怎么做?"

莎莎毫不犹豫地说："每天分文不留地全部花完当然才是最佳选择。"她想了想，又问道，"哪里会有这种银行啊?"

妈妈告诉她："其实我们每个人都有这样的银行，那就是时间银行。每天凌晨它总会为你的账户存上86400秒，一到晚上12点就会自动地把你当天虚度的光阴全数注销，没有分秒可以结转到明天。"

莎莎若有所悟……

顺便说一下，所有的孩子，打小就要学会理解时间。基本的时间概念有：今天、明天、昨天、现在、刚才、以前、1点、3点、上午、下午、白天、夜晚、一星期、这星期、下星期、上星期、今年、明年、去年、差10分钟、等5分钟等。要孩子形成时间概念，首先要对上述概念的含义有真真切切的了解，这些知识应该在幼儿阶段起就逐步灌输。

4. 和孩子一起做时间规划

时间概念不强的孩子，一定对自己的时间没有规划，想一出是一出，学习与生活搞得一团糟。时间规划，就是对不同时段的时间做出特定的安排，然后遵从这一安排去具体执行。形象化的展示方式就是时间表。

莎莎妈妈说："我给她做过时间表，还不止一次，可效果不咋样。"

我仔细了解了莎莎妈妈做的时间表后，发现她在理念与技术的细节上做得不够好，我给了她一些建议。

这个时间规划必须是家长和孩子共同制定。孩子是主角，家长是配角；孩子是主导者，家长是帮助者、咨询师。全盘规划由家长制定，那是家长做指示，与孩子不相干，他们也不会自觉自愿地去执行。在这个时间规划中，项目要有主次之分。学习活动是最主要的活动，游戏玩耍是次要活动，主要活动的时间必须得到保证。

一定要安排自由活动的时间。没有自由活动的时间，就没有对快乐生活的期待，那么在所有的时间里，他们的思绪都会随风飘荡。看起来在学习上花费了很多时间，效率却极差。自由活动的时间是一种诱因、一种奖赏。如果主要的学习活动时间被拖延，自由活动的时间就会被压缩；如果主要的学习活动时间被缩短，自由活动的时间就能被延长。在自由活动时间里，只要行为不出格，有些事情家长可以睁一只眼闭一只眼，不要老想着控制孩子的行为，而要保护和引导他们。

让孩子做时间规划，范围不仅局限于学习活动，而应该包括生活中的很多方面。毕竟，学习不是生活的全部，而培养人、塑造人却要从方方面面做起。比如，全家开车外出旅行，可以让孩子做出行规划。让他们上网查路线，计划时间。这样是尊重孩子、看重孩子的表现，他们会很乐意去做，这也是培养孩子时间概念的一种训练方式。

和孩子一起做时间规划，建议从小计划开始。年度计划、月度计划都显得有点大，让孩子做一天的规划，做一件事的规划，更加靠谱些。规划制订后，重要的是坚决执行。可以修改规划，但在修改前，严格按原计划进行。然后，做个时间记录表。表中记录下孩子每天各项活动所占用的时间，一个星期出一次统计数据。

做完之后和孩子探讨，第一周在学习上花了多少时间，自由玩耍用了多少时间。第二周的时候，由于孩子意识到时间的重要性，也通过一些训练手段增强了时间概念，于是家长会发现孩子在学习上花费的时间变少了，自由玩耍的时间变多了。

不用苦口婆心地教育孩子，数据本身就具有强大的说服力，孩子会看得明白，至少在学习时他们从主观意向上不会故意拖延了。

5. 玩沙漏游戏

孩子年龄小，最好的训练方式是把时间概念形象化，有一个可用的工具就是沙漏。妈妈买一个沙漏工具，和莎莎一起玩沙漏游戏，我们给她提供了游戏的脚本。

游戏过程是这样的。

全家人围坐在地板上，把沙漏放在中间，一起观看。刚开始的时候可以观察沙漏5分钟，随着练习时间的推移，可以延长到10分钟甚至更多。做游戏时，由一名家长担任主持。以下是主持词：

现在我们来练习注视沙漏，这个沙漏里流淌的是时间。盘腿坐好，把手放在膝盖上，全身都是安静的、不动的。

看看我们中间的这个东西，它是什么颜色的，是什么形状的，是大还是小？在不同的角度可能看到的是不一样的形状。你观察到的关于它的所有的样子都是正确的。当你观察它的时候放松你的双眼，如果你的眼睛开始看别的地方，请把眼睛放回到它身上。试着保持身体不动，注视5至10分钟。

现在闭上眼睛，让眼睛休息休息，觉察你现在的感觉。慢慢地睁开眼睛，继续观看沙漏，观看着流淌的时间。是不是有一种舒适轻松的感觉遍布全身？

一家人一起看时间的流逝，这个时候的时间被形象化、具体化了，莎莎的时间概念就在潜移默化中渐渐生成。接下来莎莎做作业时，在她面前放个沙漏摆件，自己规定并调节沙漏时间，限时完成。

6. 写作业时用番茄计时器

准备一个番茄计时器，这种计时器可以在网上买到。

将当天的作业任务分类罗列，并把每一项作业都预设好相应的时间，写在罗列作业的后面（每项作业的时长不超过 35 分钟）。告知孩子当一项作业开始计时后，不可以中途停止，有不会的可以先放一边，整个过程需要专注地完成。每项作业完成后，可以将实际用时写在预计用时后面，然后适当休息片刻。当天作业全部结束后，妈妈跟莎莎一起将预设时间和实际用时进行比较和分析，做出相应的总结（见表 3.1）。

表 3.1 番茄计时法

年　　月　　日

番茄任务点	请将作业进行任务分解，以 25—35 分钟为一个任务点，记录下你将在 25—35 分钟内写完哪些作业。	备注（是否完成任务，如果未完成，原因是什么?）	每完成一个任务，请休息 5 分钟
1			
2			
3			
4			
当你完成四个任务后，请休息 15 分钟。调整好自己的精神状态，以便投入接下来的学习中。			
5			
6			
经验总结 跟昨天比，今天速度（　　　　　）了，因为在（　　　　　）方面，我克服掉了（　　　　　）类题目。今天很充实，因为我在（　　　　　）科目的（　　　　　）方面，学会了用（　　　　　）方法解决。我是这样做到的（　　　　　）。我还要在（　　　　　）方面继续努力！今天我还有（　　　　　）问题没有解决。			

7. 利用生活事件形成守时概念并做时间规划

利用生活事件，让孩子在情境中接受教育，形成守时概念，这是一个很好的选择。

妈妈带着莎莎到电影院看电影。去电影院的路上，她不经意地与孩子聊起几个问题。

妈妈问："电影提前放了，你有意见吗?"

莎莎说："当然有意见，因为这样前面的内容会看不到了。"

"那电影推后放了，你有意见吗?"妈妈又问道。

莎莎说："当然也有意见，因为白白地等着会感到无聊。"

"电影准时放了，我们自己迟到了，电影院和其他观众会等我们吗?"妈妈接着问。

莎莎回答道："不会等我们的。是我们自己有损失，看不到电影的全部内容了。"

"那么我们应该什么时间到最合适呢?"妈妈引导莎莎思考。

"准时到，最好提前3至5分钟。"莎莎给出了满意的答案。

不同的生活事件有许多，都是同样的道理。比如坐火车，火车是不等人的，到点就发车，如果赶不上，既耽误事情，又可能多花钱再换车次，劳神伤财不划算。

与守时相关联的概念是守约。遵守约定是一种社会规则，其中一个重要的内容是时间约定。每天的上学时间是一种约定，迟到了会受到惩罚；和小伙伴约好一起出去玩也是一种约定，如果总是迟到，小伙伴们会不带你玩。

每当莎莎和同学约了一起出去玩，妈妈总会提醒她提前做好准备，留下充裕的时间出行。莎莎知道妈妈这是为自己好，很是感激。其实，莎莎妈妈这样做一举两得，既是对女儿的关爱，也是对孩子形成守约概念的培养。这是最好的教育。

而利用生活事件做时间规划，也是一种很好的训练方式。莎莎全家决定乘飞机到外地旅游，这是让莎莎十分兴奋的一件事。在我们的指导下，莎莎父母也把这件事设计成促使莎莎时间规划意识形成的契机。

飞机的起飞时间是上午 11 点，妈妈让莎莎做出行规划，莎莎非常乐意地答应了。爸爸告诉莎莎必须在 9 点半之前到达机场，因为换登机牌、托运行李、安检、候机至少需要一个半小时的时间。莎莎在百度地图上查询从家到机场坐出租车所需要的时间，大约是一个小时。为防止意外情况出现，比如路上堵车等，需要留出至少半小时的富余时间。按这样的规划，8 点必须从家出发，那么最晚起床时间应该是 7 点。让莎莎负责提醒所有人按时起床，准时出发。

当孩子作为规划者和责任人之后，他们不仅会认真执行，还会督促别人，时间规划意识会渐渐形成。

8. 责任转移，让孩子成为时间的主人

凡是缺乏时间概念的孩子有一个共同的特征，他们的时间都是由别人来管理的。什么时间干什么轮不到他们做主，他们也不会去做主。这样一来，他们的时间概念就会越来越差。所以，要让孩子学会主动管理时间。

问题是，他们本来就缺乏时间概念，又怎么可能会去主动管理时间呢？这里面关键的一步是责任转移，要让孩子把守时看成是自己的一份责任。

上小学前与上小学后，社会对孩子的要求有很大的区别。学龄前儿童，无须承担任何社会责任。但从上小学的第一天起，孩子就得承担起自己的社会责任。比如，准时上学、认真听课、完成作业、接受考核。其中，准时上学、按时完成作业都与时间概念直接有关。不专注的孩子不把守时看成是自己的一份责任，因此也就没有时间的紧迫感。

怎么让孩子形成责任感？我向莎莎妈妈推荐了一个案例。

有个女孩学习成绩还行，就是做事特别拖拉，每天都要踏着铃声进校园，做作业不到晚上 11 点就完成不了。妈妈尝试了多种方法，比如催促、打骂、制定各种制度，但是都收效甚微。

后来她从一位“虎妈”身上学到一招。早晨起床不再频繁地催促与提醒，只在快到出门的时间才提醒一次；晚上做家庭作

业，必须在规定时间内完成，如果完不成，就收起她的作业本，不准再做。

最开始的情况当然是痛苦的。孩子连续一周迟到，班主任发信息给家长，要求家长注意孩子上学时间。好几次数学作业没有完成，数学老师让孩子把作业补齐后才放学回家。老师还打电话给家长，让家长有点责任心，管管孩子的作业。但一周以后，情况发生了变化。孩子虽然有时来不及梳头就出门了，但迟到的次数明显减少。放学以后，用不着爸妈催促就主动去做作业了，甚至有时在学校里利用空余时间，把家庭作业先做掉一部分。

案例中这位妈妈其实是运用了让孩子承担行为后果的方法，使她学会主动管理时间，增强时间概念。反观许多家庭，对于孩子作业拖拉、做事磨蹭的行为，只有无休止的催促。结果呢？越催越慢，再催熄火。为什么会这样呢？这里面隐含着一种重要的责任关系。家长反复催促，家长就成了老板，是老板在催伙计干活。伙计总想偷懒，这是人类的天性使然。让孩子承担行为后果，就转换了他们的角色，让他们自己当上了老板。老板哪有对自己的事业不负责任的，哪有不抓紧时间干活的？

亲子关系是要有边界的。是你的事就是你的事，是他的事就是他的事；是你的责任就是你的责任，是他的责任就是他的责任。这不是推诿，更不是冷漠，而是为孩子的长远发展打算，为孩子的一生着想。

训练的结果是令人满意的。无论是从训练数据来看，还是从肉眼可见的行为来看，莎莎的专注力水平有了质的提升，行为表现也与以往有很大的不同，不仅体现在能把控时间概念上，上课分心走神等问题也大为减少，获得老师多次表扬。当然，不尽如人意之处还有不少，这很符合常态，莎莎的爸妈也完全能接受这一状态。

六个月的训练结束后，我跟莎莎妈妈聊天："你现在有两个选择：一是就此结束训练，因为已经没有什么迫切需要解决的问题了；二是继续训练，力争走向卓越。"莎莎妈妈笑着对我说："这还用选择吗？我和莎莎已经商量过了，继续强化训练！"

训练复盘

缺乏时间概念、无规划意识的孩子，常常把学习和生活搞得无序、混乱和紧张。父母可以讲形象有趣的时间观念的故事，让孩子警醒流逝掉的时间无法弥补。同时，要和孩子一起做时间规划，孩子是主角，父母是配角，尊重孩子的想法，安排孩子自由活动的时间，范围不局限于学习活动，要包括生活的很多方面。让孩子学会主动管理时间，不仅能把控时间概念，还能把控专注力，上课经常分神的问题也就能够得到解决。

第四篇

性格上的专注力训练

丢三落四的孩子：培养独立意识和自主掌控感

孩子的一些行为习惯并不完全是性格的问题，我们要仔细观察他们的日常行为，帮助他们找出不好的行为并分析原因，这样才能改掉不好的行为习惯。

一位母亲对我说："我儿子有件事很让我头疼，他丢三落四的毛病很严重，上学经常把水杯、钥匙、手套等东西丢了，红领巾更是丢了一条又一条。我一气之下给他买了一打，但也没用多久就都丢了。在家里用完东西不知道放回原处，屋里一片狼藉。另外，不能同时交代两件以上的事给他，不是忘了这件事就是忘了那件事。不知道说过他多少回，可就是没用。这到底该怎么办?"

我对这位母亲说："恐怕另外还有些小毛病吧，比如作业中常常出现低级错误，上课听讲也不是那么专心致志。"

她说："的确有这种情况，丢三落四的毛病更突出。"

人是作为一个整体而存在的，各种心理因素之间存在密切的关联。所以，我们通常面对的不是一个孤立的问题，而是一组问题。当某个突出的问题被解决，那一组行为问题也会随之消退。

她又问道："用什么方法可以教育好呢？"

我说："需要进行心理训练和行为训练。让我们来分析一下丢三落四问题背后的真正原因。"

1. 丢三落四问题背后的真正原因

人们常以为丢三落四是因为记忆力差，容易忘事。其实，问题不在记忆力上，而是在责任意识和行为习惯上。责任意识的基础是专注力。前面的章节中曾经说过，孩子上课听不懂，不见得是理解力有问题，也许是他们压根就没听，听都没听，怎么可能懂呢？孩子丢三落四，也是这种情况。不是他们没记住，很可能是对这件事就没有关注，也就是我们平时所说的不上心。都没上心，怎么可能记住呢？

丢三落四的孩子，有意注意能力偏弱，行为缺乏目的性，做事想一出是一出，去学校之前，没想过今天该带什么，而是看到什么带什么，家长给他准备什么就带什么。比如，周一的升旗仪式要求穿校服、戴红领巾，这事就没在他们脑子里形成固定的规则，老是会忘记。他们注意力的集中程度也不足。要想对一个物体、一件事产生特别清晰的反应，不仅要将注意力指向该物体、该事件，还要全神贯注于该物体、该事件，要不然只会有个模糊的印象——一种似是而非的状态。如此这般，丢三落四自然在所难免了。

丢三落四也是一种长期形成的行为习惯。心理学家给习惯下的定义是：一种自动化了的条件反射系统。在丢三落四的孩子的行为系统中，遇事不上心是一种习惯，出了事不负责任也是一种习惯。他们丢三落四后表现非常自然，心里很坦荡，没有内疚感。习惯因行为的累积而成，进一步的累积则是强化，于是它变得越来越稳固了。

这位母亲听了我的描述后一脸惊愕，她压根没想到孩子丢三落四的原因竟然在这里。在给她的孩子做了专注力测试后，我发现这个孩子除了视觉注意力稍稍差一些，其他方面尚可。我对她说："根据你孩子的情况，我教你一些方法，在家做训练就可以了。但训练的过程比较漫长，你要有思想准备，要有耐心。"她欣然答应了。

2. 把家庭环境打理好

要塑造孩子良好的行为习惯，先要给孩子提供一个良好的环境。要改造孩子丢三落四的行为模式，请做父母的先把家庭环境打理好。

第一，家庭环境要整洁有序。

请家长先把家庭环境做到整洁有序。家里物品摆放整齐，柜子和抽屉里的东西都收拾好，用过的东西及时归还原处。家长在这方面要做好榜样，让家里的生活有秩序感。在一个凌乱的家庭环境中，最容易滋生孩子丢三落四的毛病。

我曾经去一个朋友家，一到她家，我立刻明白为什么她孩子的专注力会出问题了。他们家经济条件不错，装修也很讲究，就是整个房间乱七八糟，到处都放着东西，并且十分凌乱。一会儿她老公喊“我的钱包放哪儿了”，她东找西找也没找到；一会儿她在出门前发现车钥匙找不到了，全家总动员，花了一刻钟的时间才在客厅沙发的缝隙里找到钥匙。孩子处在这样的家庭环境中，如果先天条件不是太好，不丢三落四才怪呢。

第二，固定孩子放物品的位置。

给孩子一个专门的小柜子，摆放孩子的书本和玩具。家长要求孩子把课本、练习本、玩具分类摆放，并尽量选择固定的地方。给自己容易忘记的东西建立一个固定位置，减少找不到东西情况的发生，反复多次地尝试，可减少丢三落四的概率。家长可以协助孩子布置一下这个固定位置，吸引孩子去喜爱和珍惜自己的这一片小天地。当然，要孩子完全做到一丝不苟是不现实的事情，与孩子的童心和天性不符，也不利于创造意识的培养。对于一些特定区域，比如孩子的游戏角，可以容忍一些局部的凌乱，给孩子一个自由的空间。

第三，把书桌桌面标签化。

家长可以把书桌桌面贴上标签，就好像工厂里的操作台一样，哪里摆放文具，哪里摆放工具书，哪里摆放作业本，都事先规划好。每次孩子写作业前，只需要把对应的物品放置在相应的区域就好。这样一方面达到了提醒的功能，知道每次学习前应该准备哪些物品；另一方面还提高了学习效率，每次要拿什么就直接在对应区域去找，免得孩子丢三落四，用什么丢什么。

3. 划定行为边界，各司其职

有一种父母喜欢给孩子包办各种事务，把孩子的一切都照顾得无微不至，什么事都替他想到了，什么事也都给他做到了，生活中就没有孩子要操心的事。到了孩子该操心的时候，他们也不会，因为不负责任的行为习惯已经养成。

在心理学上有一个“100% 理论”：如果所有事都是妈妈做了，孩子就不用做了；如果父母有 20% 的事不做，孩子就能完成 20%；如果父母有 80% 的事不做，孩子就能完成 80%，孩子的潜能也就被开发出来了。如果所有的事情都有人惦记着，孩子什么也不用操心，就会形成依赖的心理，自己做起来就会丢三落四。

常听给人介绍对象的人说她妈妈十分能干，女儿也一定很能干。这话正好说反了，妈妈做家务活是一把好手，女儿可能不怎么会做家务。反之，如果妈妈不能干，没准女儿做家务倒是一把好手。基本的原理是：父母对孩子某种行为的替代，实际上是扼杀了孩子某种能力的发展。压根就没机会实践，怎么可能会发展呢？

家长应该与孩子共同明确责任边界，有哪些事是该父母做的，有哪些事是归孩子做的。分工要具体、明确，该孩子做的事，既不替代，也不操心，只检查、督促，但是自己不要出手。配合训练，坚持一段时间，你就会看到孩子的责任意识有所增强。请记住一条规律：家长退一步，孩子才能进一步。

请家长列出一个清单，上面明确写着哪些事是该家长做的，哪些事是该孩子做的。别以为孩子不爱做事，也别以为孩子会对你为他们所做的一切感激涕零。很多孩子对我说他们又不要爸妈帮他们干，可爸妈非要干。父母的一腔热血，换来的不仅是埋怨，更糟糕的是养成了孩子的不良习惯。提醒一下，这张清单中除了孩子的直接事务，如收拾书包等，还应随着孩子年龄的增长逐步安排一些家务事。

现在让孩子干家务活的家庭并不多，这是一种遗憾。我们需要转换一个观念，让孩子干家务活，不是父母懒，而是一种培养孩子的方式。事实证明，让孩子干家务活好处很多。孩子动手做家务活，有利于培养动手能力，并能满足他们想要“自己做”的需求。

另外，既然做事，就要有担当。如果丢三落四，事情就做不好。说个最简单的例子，孩子晚上肚子饿了，让他自己下面条。如果烧上水后，他忘了这事，去一边玩了，那么水就会烧干，煮不了面条，这就会给他一个教训。如果忘记放盐，味道不好吃，这也是一种提醒。这些发生在自己身上的事情会形象地告诉他，丢三落四是会坏事的。

4. 培养独立意识与自主掌控感

孩子从出生到青年期，会慢慢地与家庭分离，成为一个独立的个体而在这个世界上生存与发展。独立意识越早培养，对孩子越有利。一个独立的人必须对自己的事情负责，即所谓的“有担当”。丢三落四最本质的特征就是不负责任，这是缺乏独立意识的表现。

如何培养孩子的独立意识？我们从很多专家和家长的实践中得到下面的经验。

第一，给孩子空间，让他自己往前走。家长应该根据孩子自身的特点和能力，扩大孩子自由活动的空间，让他在这个空间里自己当主人。

第二，给孩子时间，让他自己去安排。不少家长以为孩子还小，不懂得安排自己的活动。但如果家长完全包办了孩子的时间安排，孩子只是去执行，那么孩子的自主性就永远培养不出来了。家长可以给孩子一些指导性的建议，引导孩子有序地安排自己的时间，这样他们就能慢慢培养出自主性和独立性。

第三，给孩子创造条件，让他自己去锻炼。培养孩子用拔苗助长这种违反客观规律的做法，肯定是要失败的，但采取完全顺其自然的态度，也不利于孩子的成长。遵循客观规律，积极创造条件，让孩子去锻炼，这才是我们应该采取的正确做法。有一位母亲看到5岁的孩子对洗碗感兴趣，就为孩子准备了一个小板凳，说："我知道你特别爱干活，想自己洗碗，可是水龙头太高，你够不到，妈妈给你准备了小板凳……" 孩子兴奋地喊着："谢谢妈妈!" 她马上就蹬上小板凳，高兴地学着大人的样子去洗碗了。

第四，孩子提出问题，让他自己找答案。孩子提出问题，成人通常的做法是立刻告诉他答案，学龄前儿童是没问题的。但是上了学的孩子，还是要以引导和启发为主，授人以鱼不如授人以渔。有一位家长的经验是：孩子问我某个字，虽然我认识，但我还是让他去查字典，通过查字典可以了解这个字的全面意思。以后，再有不认识的字，他就会积极地去查字典。

我国教育家陶行知告诫人们要"相信儿童，解放儿童"，这样才会有具有独立意识的儿童。

再来说说培养自我掌控感。

自我掌控感是一种状态，包含着责任与自由，也包含着乐趣与快感。喜欢开车的人视把控方向、决定速度为一大乐趣。新生儿从翻身开始，渐渐学会抓握、抬头、爬滚、坐立、站立、走路、跑步……这是对自己身体的掌控。对自己身体越来越有控制力的孩子，就会把探索的目标转向周围的环境。比如，笨拙地拿起勺子，想要把饭菜送到自己嘴里……在成人看来极为简单的动作，可能就是孩子试图把握这个世界的起点。

掌控意味着自主，衍生出自信，同时也肩负起责任。所以，在生活的方方面面、点点滴滴的细节中，培养孩子的自我掌控感，是一条培养责任意识的很好的途径。比如，给孩子买与年龄相匹配的各式玩具车辆，让他们自主驾驶。也可以给孩子买一些遥控玩具，让孩子自己去操控。只要不涉及安全，让他们去做一些自己想做的事，做不好也没关系。对于孩子的成长与发展来说，有时过程比结果更有意义。

有一点是可以确认的，自我掌控感与责任意识必定是同步增长的，当责任意识上升之时，必是丢三落四行为减少之日。

5. 丢三落四行为场景的应对策略

孩子丢三落四的行为有几个典型场景，接下来我们逐一描述并给出应对策略。

场景一，出门忘带必需物品。

这样的场景想必许多家长都很熟悉，孩子上学走到半路，想起有什么东西忘在家里了，比如说红领巾、作业本等。有不少家长的做法是让孩子先去上学，自己回家帮孩子拿东西。

我们可以换一种方法：家长不要替孩子去取，让他自己回去取，即便是迟到，都要让孩子记住这个教训。接受教训之后，让孩子把每天上学必须带上的东西列成一张清单，贴在出门的地方，出门前自己根据清单内容逐一核对。出门后绝不回头拿东西，哪怕是要受到老师的处罚，这样才能记住教训。这个习惯养成后，孩子不仅是上学，做其他事情在出门前也会检查所需的出行物品，进而形成良好的行为习惯。

场景二，玩完玩具之后。

孩子玩完玩具后，现场一片狼藉，父母会过来收拾。其实父母应该让孩子自己收拾，让孩子对自己的物品负起责任。家长要有意识地培养孩子整理自己物品的习惯，经常教育孩子把东西有序放置，只有亲自整理的物品，自己才能做到心中有数。孩子收拾得肯定没有家长好，但那是自己收拾的，重要的是过程，这是一个培养良好习惯的过程。

场景三，外出旅行之时。

我们经常在机场、高铁站看到家长拖着一个行李箱，身边的小孩也拖着一个小小的行李箱。按说孩子行李箱里的那点东西，塞到妈妈的箱子里一点问题也没有，为什么孩子也要有个行李箱呢？这个小小行李箱的功能不在于装东西，而在于装“责任”！出发前让孩子收拾自己的东西，在整个旅行过程中孩子也要收拾好自己的东西，对自己的行李箱负责。这是一种比较实用的责任感培养方式。

场景四，丢了东西之后。

丢三落四的孩子丢东西是常态。丢了以后怎么处理呢？妈妈赶紧给他买新的，这样做会让他觉得得到一件东西很容易，失去了也没什么。但是太容易得到的东西也不会好好珍惜。不珍惜的话就会一而再，再而三地丢东西。

可以要求孩子用干家务活等劳动换来这件东西，或是用自己的压岁钱来买，让他们体验东西来之不易，下次他们就会变得小心。一位美国教育学家曾指出，孩子的丢三落四往往是因为他们总能得到特殊的照顾，从而不把丢东西当回事。

6. 相关训练游戏

介绍两款游戏，很适合训练有丢三落四行为的孩子。

第一个是反口令游戏。这个游戏可以锻炼孩子的听觉注意力、反应时的执行能力，有效减少孩子愣神、发呆和注意力涣散的情况。家长准备两个颜色或者款式不同的手环，分别命名为 A 手环和 B 手环。跟孩子约定戴上 A 手环的人，可以发出号令，而戴上 B 手环的人，服从号令做指定动作，但所做的动作必须与口令相反。比如，说站立，动作是趴下；说走路，动作是停止；说翻开书，动作是合上书。未能按照指令做出规定动作或过于迟缓者输一分。家长与孩子可以轮换角色，最终积分判定胜负。

第二个是听数分辨游戏。这个游戏可提升孩子的听觉注意力与记忆力。家长先告诉孩子哪些数字需要记录，明确记录目标。由家长开始报数字，孩子听到目标数字需要在纸上的目标数字后写“正”，听到几个记几笔，家长根据孩子的能力可放慢或加快报数速度，结束后检查孩子记录的有没有错误。报数难度循序渐进，先是三个数字为一组，然后再做四个数字、五个数字为一组的游戏。

7. 渐进式要求，别期待一蹴而就

对于孩子丢三落四的行为习惯，我们不能期待他们立刻改变，渐进式的要求及改变是可行的做法。在这个过程中，父母要注意以下几点：

第一，同时交代的事情不能太多。丢三落四的孩子记事比较单一，也不会像成人一样具备有效地分配注意的能力，常常是记住了这件事情，忘了那件事。他不在意的，或者不感兴趣的，存储的记忆会消失。不仅是孩子，大人也是一样，除非这件事情很重要。所以，交代孩子办的事，最好让孩子写下来，让他们一件一件地去完成。

第二，降低标准去要求孩子。大部分家长在对孩子提要求时，总是对标最优秀的孩子，即所谓“别人家的孩子”。通常，这是一种不理智的要求，也是对孩子自信心的打击。我们让丢三落四的孩子顷刻之间变得严谨起来，这现实吗？降低标准，从最底线的要求提起，随着训练的进展逐步提高标准，才是靠谱的做法。

第三，长期观测行为表现。观测的行为主要有以下几点：用完的东西及时归位的情况，家里的物品归类摆放知晓的情况，整理自己的物品和房间的情况，第二天忘记前一天发生事情的情况，出门后才想起忘记带某样东西的情况，老师、家长嘱咐的事经常忘掉的情况，学习物品遗失忘带的情况等。

以上情况由家长观测并做记录。训练开始时先给所有行为观测点打 3 分，在以后的观测中，发现稍有进步打 4 分，有明显进步打 5 分。稍有退步打 2 分，有明显退步打 1 分。计算出总分，即可观测出进步或退步情况。

这是一个远程指导的个案，我们和孩子从未见过面，只是和孩子妈妈一直有着密切的沟通与联系。妈妈经常把孩子的情况告诉我们，遇到问题时也一起讨论。有规律的跟踪访谈持续了一年多的时间，孩子丢三落四的情况已有了明显的好转，上课分心的情况也有所改善。这个案例给我的启示是：对于专注力状况处于灰色地带的孩子，科学的、持续的家庭训练是可以解决的，这又一次印证了我的一个理念——父母是孩子最牢靠的心理咨询师。

训练复盘

丢三落四、缺乏责任意识的孩子，并不一定是性格的问题。他们的有意注意能力偏弱，丢三落四后心里很坦荡，可能是责任意识和行为习惯的问题。责任意识的基础是专注力。父母首先在家庭环境上做到整洁有序，物品摆放整齐，柜子和抽屉里的东西都收拾好，用过的东西及时放回原处。培养孩子的独立意识与自主掌控感，这样孩子才会有自信，同时也能肩负起责任。对于孩子的成长来说，过程比结果更有意义。

有鲁莽行为的孩子：
持肯定评价，切忌以暴制暴

因为我的工作性质，几乎每天都有家长找我咨询、交流，大部分是谈孩子的学习问题的，也有些家长对我说："我那孩子就别提学习的事了，他们在学校打架骂人，在小区里也惹是生非，经常闯祸，可真把我急死了。这该怎么办呀？"

1. "问题儿童"，真正的问题在哪里

小明的妈妈就对此特别头痛，在家人、老师、同学的眼里，小明都是个"问题儿童"。"问题儿童"是个负面标签，教育界不提倡用这个词形容孩子。但小明存在很严重的问题也是事实。

五年级的小明是一个冲动鲁莽、常有危险行为的小男孩。他妈妈说：“玩耍的时候，小明会毫无征兆地从高处跳下来，有好几次都是头破血流。过马路时从不看红绿灯，有斑马线也不走，他单独出门时，我的心里总是有一丝担忧。我不常给他拍照片，因为照片上留下的常常是伤痕，一点也不好看。”

更让人焦头烂额的是小明在学校里的行为表现，和同学闹矛盾、打架是常态，甚至有几回和老师也发生了剧烈的冲突。别的同学之间有矛盾，跟他半毛钱关系也没有，结果与别人打起来的却是他，让人哭笑不得。老师教育他，他能和老师对骂起来，有一回竟然将文具盒砸向老师……小明是老师办公室的常客，校长办公室也去过几回。他是老师眼里的“问题儿童”，父母心中的“熊孩子”。

对于这样的孩子，家长管教的力度通常很大，连打骂的手段都用上了，但效果并不好。甚至打骂越狠，情况越糟糕，他们成为老师和家长心中的一道难题。教育这类孩子，首先要搞清楚一件事，这孩子到底是品行问题还是因注意缺陷与多动障碍引发了冲动行为。前者属于思想问题，后者属于能力问题，不同的问题应采取不同的应对方式。那么，它们的区别在哪里呢，又如何观察判断呢？

以打人这一不良行为为例，可分为两种情况，一种是校园霸凌，另一种是冲动行为。它们的区别在于自我保护意识方面，如果是校园霸凌，他们会看场合，老师在的时候不会下手，情况对自己不利时也会认怂；如果是冲动行为，就会不顾一切，谁在场都一样，跟谁斗都不会认怂。冲动行为还有一个特征是：事件平息之后会后悔，感到自己做得不对、做得欠考虑。但这种后悔并不能成为扼制下一次冲动行为的正能量，一旦到了特定情景下，便会故态复萌。这就说明他们的冲动行为不是态度问题，而是能力问题。

经过测试，我们发现小明自控力极差，各项指标表明这是一个以冲动行为为典型特征的注意缺陷与多动障碍儿童。他的问题不是在思想认识上，而是在能力上。于是我们给小明做了一套训练方案。

2. 做好行为观测

要矫正孩子的行为，首先要充分了解这个孩子的行为特点以及诱发孩子冲动行为的环境因素。这件事要做得比较精细才好，靠估计和印象是不够的。我们让小明妈妈根据下面一张表格，记录下小明的行为表现。

表 4.1　冲动行为观察与评估记录表

日　期 内　容	第一周	第二周	第三周
地点：(如卧室、客厅、商场、餐厅、汽车里等)			
人物：(什么人物在场)			
情境：(如参加聚会、吃饭、做作业、与小朋友玩游戏等)			
强度：(分为 1—5 级，级别越高，表明冲动行为的严重性与激烈程度越大)			
频次：(指冲动行为发生的次数，通常以周为时间单位计算，如一周两次或三次)			
观察者：(如爸爸、妈妈)			

行为观测意在找到孩子冲动行为的规律，由此可归纳出孩子在什么样的情境中最易发生冲动行为。孩子的冲动行为与家长的教养态度、教养方式有关。冲动行为的强度和频次需在整个训练过程中持续观测记录，作为考核训练效果的指标数据(见表 4.2)。

表 4.2　冲动行为次数统计表

日　期 内　容	第一周	第二周	第三周
冲动行为总次数			
较前一周是否减少冲动次数，减少了多少次			

需要强调一点，观察者，即对孩子的冲动行为进行观察与评估的人，最好集中于一人，最多两人，以保证观察结果与评估的一致性。

通过近一个月的观察，我们对小明的冲动行为规律、特点，以及与外部环境的关系有了明确的把握，训练工作就能做到有的放矢了。一是根据专业测试所反映出的类型与特点，运用脑电生物反馈技术提高专注能力；二是通过心理训练与家庭教育方式塑造行为。以下重点介绍心理训练与家庭教育方式。

3. 取得心理相容

小明刚到我的工作室时，眼神里明显带着敌意。在他的潜意识中，凡是叫“老师”的，都是管束自己的人，都是敌人。因为他的问题行为常常惹人讨厌，所以经常遭到来自成人世界的斥责。对于小明来说，这一心理情结已经泛化，于是，“化敌为友”

是训练工作顺利开展的起点。恰好到我这里来训练没几天就是小明的生日，我们给他策划了一个生日派对。

参加生日派对的有训练师、同组做心理训练的小朋友，还有小明的爸妈。班主任老师也来了，小明是让他头疼的学生，她想看看我们的训练方式。生日派对上由小明切蛋糕，并由他分派给每一个人。每个人都对他真诚地说“谢谢”，小明也报以善意的微笑，气氛很温馨。派对上有个小节目，同组训练的小朋友们一起玩“夸夸你”的游戏，即每一位小朋友要站起来夸奖小明的优点。有的孩子说小明长得帅气，像明星；有的孩子说小明对人热情；有的孩子说小明玩拼图有创意……小明的老师也说班级打扫卫生，小明总是抢着擦最高的窗户，胆小的同学可不敢上呢。

已经很久没听到赞扬的话了，小明流下了眼泪。派对的最后一个环节是在活动室里不受任何约束地自由玩耍，可以尽情地放飞自我。

利用这段时间，训练师与家长、老师做交流。训练师的建议是：无论是在家里还是在学校里，请帮小明改变角色。在心理学家看来，社会是一个大舞台，每个人都在其中扮演某种角色。当人们长期扮演某种角色以后，就会进入角色，按这一角色的规则去“做他自己该做的事”。有个孩子，到了姥姥家表现特别好，讲文明、懂礼貌，还帮姥姥干活；到了奶奶家就变成了另一个人，调皮捣蛋，不做好事。同一个孩子，为什么会有两种截然不同的表现呢？原来，到了姥姥家，姥姥就一个劲儿地夸他好，是个懂事的好孩子。而到了奶奶家，听到的总是批评与指责，他就成了一个“熊孩子”了。

所以，如果你想孩子的冲动行为有所改变，请先在你自己的心中让孩子转换一个角色。不要总说他们是“坏孩子”“熊孩子”。你说得越多，孩子进入角色就越深，就越来越像“坏孩子”“熊孩子”。在他们表现出良好行为的时候，或者是冲动行为有所改善的时候，要立刻给予表扬与奖励，让他们从“坏孩子”“熊孩子”的角色中走出来，冲动行为就会大幅减少。

再有就是给小明关爱。我们不否认家长和老师已经给了孩子关爱，但他还需要更多的关爱。有人说，冲动的孩子有点冷血。这只是表面现象，他们的内心深处比一般的孩子更渴望关爱。“冷血”是渴望关爱的折光反映。根据著名人本主义心理学家马斯洛（Maslow）的理论，人都有被别人爱的需要，也有爱别人的需要。当这两种需要都不能得到满足时，他的情绪会处于一种很恶劣的状态，并且不稳定。在这种情况下，发生冲动行为就是一件很正常的事了。给予孩子更多关爱，让孩子保持宁静、愉悦的心情，从而降低冲动行为出现的频次与强度。有人说，关爱是降低冲动行为出现频次与强度的良方。

训练师还特别向老师建议在学校多看小明一眼，稍有进步就夸他两句，下课时拍一拍他的肩膀，都可能会让小明感动，让他有所改变。老师欣然接受建议。

4. 在家庭中营造温馨和睦的氛围

尽量做到全家人情绪积极、平和，不吵吵闹闹。父母之间出现矛盾冲突，也要注意避开孩子。家庭成员之间出现不同意见的时候，要以理服人，而不是以权势压人。家庭规则受到家庭所有成员的尊重，并坚决执行，而且这些规则不会时时变化：

（1）父母的教育态度与教育方式要一致，否则孩子会无所适从，增加出现冲动行为的概率；

（2）父母要严格禁止自己的暴力言行；

（3）家庭中少看或不看带有明显暴力倾向和画面血腥的电影、电视剧。

在孩子的世界中，父母是最亮丽的风景线。父母干什么，他们就干什么；父母怎么干，他们也怎么干。父母如果语言粗俗、行为暴力，喜欢用拳头说话，孩子的冲动行为也会频繁出现。儿童的社会性行为学习，基本模式是“模仿学习”。孩子呱呱落地之后，对这个世界一无所知，他们渐渐地学会了各种行为规矩。

他们是怎么学会的呢？学习的方式是什么呢？答案就两个字：模仿。所以，家长需要反思自己的行为举止是否给孩子做出了错误示范。在矫正孩子冲动行为之前，要对自己做一番审视，避免自己冲动的行事风格对孩子产生负面影响。

5. 制定简单、可行而又始终如一的规则

冲动的孩子非常缺乏规则感，在他们的心目中，一切以自我为中心，所有的行为都以自己一时的好恶为准则，怎么开心怎么干，没有任何力量能够规范他们、束缚他们。针对这种情况，就应该用规则制约他们的行为，让他们在执行规则的过程中培养起自控能力。

那么制定这些规则有什么要求呢？

第一，这个规则应该是简单的，规则过于复杂，对于冲动的孩子会没有意义。第二，这个规则应该是可行的。所谓可行，是指不按理想标准，甚至不按一般标准，以较低的要求去规范孩子的行为。他们经过努力可能实现目标，而不是经过努力也不能达到。第三，这个规则必须是始终如一的，即所谓“零宽容、无例外”。既然是规则，就不能有例外，有了例外，规则就是一张废纸。这个规则的重要特点是：可以把圈子画得大一些，但绝对不容许出这个圈子。对于任何时候、任何情况下违反规则的行为，不给予任何宽容。

这么做孩子会很难受吗？开始可能会有点，但坚持下去就好了。真正让孩子难受的不是规则本身，而是执行者执行规则的时紧时松。

6. 科学惩罚，切忌以暴制暴

父母如果在教育孩子时也很容易冲动，常常以打骂的方式去管教孩子，不仅不能取得预期的效果，反而可能会让孩子的冲动行为变本加厉。所以，当孩子出现暴力倾向和暴力行为时，父母切忌以暴制暴。暴力只会带来暴力，而不会出现你所期待的良好行为。

许多家长是在气极了的情况下才对孩子的冲动行为实施暴力，这正好说明，家长采取暴力行为时，不是为了教育孩子，而是为了发泄自己的情绪，虽然这并不是他们的初衷。

以暴制暴还有一个结果是，你把孩子狠揍一顿之后，孩子对先前犯错的内疚感荡然无存。有心理学家曾说，孩子有意摔碎一只盘子，你打他两个耳光，孩子将不会为自己的过错而内疚，因为他已经为自己的错误付出了相应的代价。

孩子有冲动表现，甚至出现暴力行为，要不要实施惩罚措施？当然需要。但惩罚不等于打骂，或者说打骂是一种低层次而且看不到良好效果的惩罚方式。科学的惩罚方式是：把孩子的不良行为与他所认为的不愉快情境联系起来，一旦出现良好行为，立刻恢复他所认为的愉快情境。

在训练过程中，对小明是有惩罚的。我们与老师沟通后是这么做的：小明酷爱踢足球，参加校足球队的活动对他来说是最快乐的事。一天，小明又惹事了，打了同学。他的班主任对他说："我之前就跟你说过，如果你打架了，就停止你在校足球队参加活动的资格。今天你又惹事了，我正式通知你这个月不能参加校足球队的任何活动。如果这个月里你表现良好，下个月将恢复你参加校足球队活动的资格。"在这一个月中，小明一看到别人踢足球，心里就难受极了，怪自己那天不该冲动。

难熬的一个月终于过去了，老师在班上表扬他遵守纪律，同时宣布他又可以参加校足球队的活动了。老师又与他约定，如果下次再打架得三个月不能参加校足球队的活动。后来，有好几次他都攥起了拳头，有打架的冲动，可脑海里想起了与老师的约定，他可不想被校足球队再赶出去了……

这种惩罚方法罚到了点子上，让孩子的内心真正体验到痛苦与纠结，由此产生改变行为的动力。

7. 改变行为导向

在小明的心理世界里，做事情的最高准则是什么最有趣，而不是什么最合适，这也是冲动型孩子的一个典型特征。冲动的孩子做事情都是以"好玩"和"有趣"为第一准则，规则不在他们的考虑之列，后果也在所不计，甚至把破坏社会规则当成一种乐趣。过马路时，有斑马线不走，见红灯要闯；玩耍时，什么事危险偏要干什么事，家长胆战心惊，他们却快乐无比。

寻求乐趣是孩子的天性，不能扼杀也没法扼杀。但我们可以转移他的乐趣指向。同对付多动的孩子一样，可以引导他们参与多项活动——有意义的活动、有乐趣的活动、有技术含量的活动。前面说到小明喜欢踢足球，他爸爸也是个球迷，那么父子俩可以一起研究足球。这里面有无穷的乐趣，也充满规则，乐趣与规则相融合，是对冲动行为最好的抑制。

我们还通过做游戏的方式，形象化地向小明展示事情的因果关系，这就是“骨牌游戏”。准备好带数字的骨牌，先和孩子按正常方式推倒骨牌，引起孩子对骨牌的兴趣与想了解的欲望。然后，告诉孩子生活中也有“骨牌”，我们每一个行为都代表一个“骨牌”，这些“骨牌”之间将产生什么样的连锁反应。

比如，一号代表走进学校，二号代表听到走道里有打架的声音，三号代表走出去看打架，四号代表留在教室，五号代表参与打架，六号代表不参与打架，七号代表接受老师批评，八号代表和老师顶嘴，九号代表父母被老师叫到办公室，十号代表被罚抄课文——通过与孩子一同给骨牌进行行为命名，展现一个事件的不同发展路线，并和孩子一起按不同的发展路线摆牌，让孩子从中体会到同一个事件可能会有不同的结果，以及完成后能直观地了解到整个事件的全貌。

整体摆完之后，让孩子思考如何才能不让牌倒向那张代表最糟糕的结果的牌，引导孩子发现只要改动某些牌，骨牌就会向其他方向倒，从而得到自己想要的结果。让孩子动手尝试改变骨牌线路，最后让整个牌按照事情的好的结果方向顺利倒下。

8. 提升自制能力

小明自制力弱，不能控制自己的言行，因此经常与同伴发生冲突，不受人欢迎。他行为鲁莽，不考虑后果，凭一时冲动，把原本良好的愿望变成不好的结果。此外，当他有要求时，必须立即得到满足，不能等待；遇到挫折时不能忍受，常常出现激烈的情绪波动和冲动行为。

小明自己也说他与人一言不合，顿时就会感到脑子里一片空白，接下来做了些什么，发生了什么，自己也无法控制。也就是说，在特定的时刻、特定的场景下，他失去了对自己言行的控制。追根溯源，问题出在自制力上。

自制力是指个体在行动中善于控制自己的情绪，约束自己的言行的能力。我们的训练师首先与小明共同分析，这种状态好不好，是不是我们想要的。结论当然是“不好”，也“不是想要的”。这就从主观意识上确立了正确观念，并引发其改变的欲望。再通过反复强化建立起新的条件反射，我们让小明在口袋里放个练习握力用的橡皮圈，一旦在冲动的场景下，有冲动的苗头出现时，就狠狠地捏橡皮圈，以此来遏制冲动行为的发生。后来的实践证明，这个方法很有效，既控制了不良事件的发生，也增强了小明的自控能力。

我们还让小明的爸妈和孩子经常玩两种提升自制能力的游戏。

第一种游戏是“穿越迷宫”。这是一个视觉控制力小测试，可以直观地判断出孩子的专注状态和控制力程度，起到训练和提高自控力的作用。它的趣味性很强，孩子愿意做。

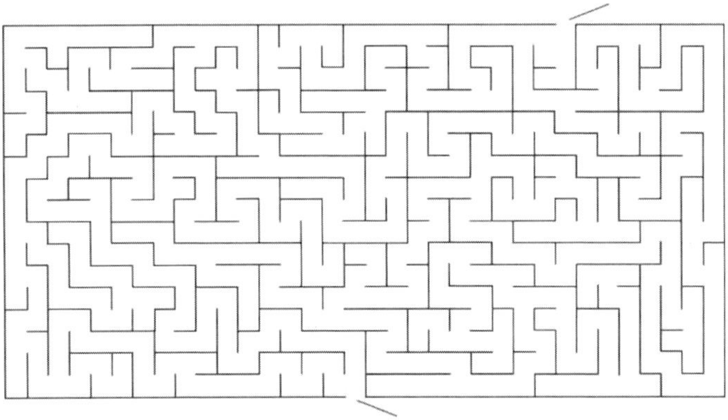

图 4.1　迷宫游戏

具体玩法是：让孩子用笔画出走出迷宫的路线，但是不能碰到迷宫墙壁。从测试的角度看，如碰到墙壁五次及五次以上，说明孩子的控制力欠佳，无法很好地控制冲动行为。记录孩子的碰墙壁次数，并对训练过程中多次测试结果进行比较。训练时要经常更换迷宫图片，避免记忆的因素起作用。

第二种游戏是“走走停”。这个游戏非常简单，游戏参与者需要两人以上，其中一人为主导，主导者走你就走，他快你也快，他慢你也慢，他停你就停。总之，你要与主导者保持同步，不能保持同步就算犯规。这个游戏的目的在于让大脑有效地控制身体，并在和别人动作的同步中，学会与同伴协调。

9. 不同冲动场景的应对策略

小明的训练过程不是一帆风顺的，在这一过程中，也曾多次发生冲动行为，虽然从总体趋势上看呈下降态势。在此过程中，根据不同的场景设置不同的教育对策。

场景一，出现冲动行为，但不会构成伤害的时候。

在孩子行为冲动的那一刻，可以平息他们的行为，但不要与他们直接对抗。这个时候，越是对抗，他们的行为会越冲动，而且会让亲子关系陷入僵局。如果你判断局面，孩子不会对他人或自己构成人身伤害，建议采用“忽视法”。在心理学中，忽视也是一种行为疗法。在他们平静下来之后再进行教育，效果会好得多。顺便说一下，不能在孩子出现冲动行为时答应他们的任何要求，因为这是对冲动行为的鼓励。

场景二，出现冲动行为，可能会构成伤害的时候。

当孩子的冲动行为可能会对别人或者对自己构成伤害时，当然要坚决制止。不过制止也不意味着一定要发生冲突。这里介绍一种方法，叫“暂时隔离法”，即类似于平时人们所说的“关禁闭”。当孩子出现冲动行为时，可以把他暂时隔离在一个单独的地方，利用隔离的这段时间，让孩子安静下来，并且让他知道被隔离是由自己的冲动行为造成的，需要改变这种冲动行为。

家长要明确规定隔离的时间。年幼儿童每一岁隔离 1 分钟，如 3 岁的孩子可隔离 3 分钟，8 岁以上的孩子隔离时间可以达到 30 分钟，对于少年来说可以隔离一个小时。如果隔离时间已经到了，孩子仍在大喊大叫，那就重新制定隔离时间，直到他安静下来为止。

在隔离解除之后，家长要和孩子交流，询问孩子为什么被隔离，并告诉孩子今后出现同样的情况时还会被隔离，隔离是为了让孩子安静下来，好好思考。

场景三，事后后悔的时候。

前面说到，冲动的孩子在冲动的时候，什么事都敢干，不计后果。但事后又往往对自己的行为感到后悔。在他们感到后悔的时候，是最好的教育契机。这时，父母要和孩子一起分析冲动带来的恶果。比如，损坏了公物，要赔偿；把别的同学打伤了，父母要上门道歉，赔偿别人的医药费和营养费，自己还要在学校里受到批评和处罚，其他同学也不敢跟自己一起玩了。这样算下来，冲动的成本竟然有那么高。

在计算了成本之后，再和孩子一起分析，在什么样的场景下最容易产生冲动行为，或者说最不容易控制住自己。然后，告诉孩子要在头脑中一遍一遍地播放这种场景，并把这些场景与“克制”这两个字紧密联系起来。也就是说，一旦出现这种场景，头脑中立即闪过“克制”这两个字，这种做法可以有效地遏制冲动行为。

经过八个月的训练调整，小明的冲动行为无论是频次还是强度都大大降低了，家长和老师都反映小明的“问题行为”已有大大改观。但他旺盛的精力还在，也不是完全没有冲动的时候，不过小明已经能够做到适时和主动地控制，这正是我们期待的结果。

训练复盘

冲动鲁莽、常有危险行为的孩子，看似是“问题儿童”，其实是因为他们对周围环境抱有“敌意”，认为管束自己的人都是“敌人”。对这样自控能力极差的孩子，父母和老师要对他有肯定的评价，批评和指责对于他们来说没用。父母要严格禁止自己的暴力言行，对孩子切忌以暴制暴，惩罚方式也要科学，如把孩子的不良行为与他所认为的不愉快情境联系起来，一旦出现良好行为，立刻恢复他所认为的愉快情境。还可以从孩子感兴趣的事情中引导他提升专注力，并抑制冲动行为。

不守规则的孩子：
走出自我中心，适当延迟满足

一位著名教育家说过一句话，对人最大的残忍，莫过于把人隔离于社会之外，更何况是个孩子呢？的确有这么一些孩子，他们的内心深处渴望友谊，想和同伴们一起玩耍，但别人不带他们玩。不是别人歧视他们，也不是别人欺负他们，是他们自己不守规则、破坏规则，别人没法和他们一起玩。于是，他们被隔离于社会之外。

这是一种很令父母焦虑的状态。

1. 孩子的困境与特征

小雄就是这样一个孩子。他来我们这儿的时候正在读小学三年级，虽然不像冲动的孩子那样打架骂人，有种种危险行为，但爸妈也是老师办公室的常客，他在学校里破坏纪律的事情太多了，而且和同学们玩不到一起去。

他上课发言从不举手，想说就说，老师制止也没有效果。即使被制止了，也会对下一个老师点名回答问题的同学怒目相视。在小雄看来，这是对他的一种冒犯。放学排队出校门，老师要求排成四路纵队，整齐地行走，小雄却每每走在队列之外。老师没办法了，只好和他手牵着手走在队伍的最后。他也爱和小朋友们一起玩，但从不遵守游戏规则，想怎么玩就怎么玩，别人还得听他的，要不然他就发火。这么一来，很少有小朋友和他一起玩。

小雄的爸妈一直以为这只是调皮捣蛋，想通过说服教育让孩子改变，然而未能如愿。一次偶然的机会，他们找到了我，想看看是否能通过训练有所改变。

通过测试与访谈，我们发现小雄有这么几个行为特征。

第一个行为特征是自控能力差，这是专注力缺失最典型的表现。小雄的情绪会瞬间爆发，有时几乎毫无征兆，而且不分场合、不分地点，一哭起来就没完没了，怎么哄都哄不住。与小朋友交往时一言不合就翻脸，严重时会出现攻击性行为。有人说这孩子脾气不好，其实是缺乏自控能力。

第二个行为特征是高度自我中心。人刚出生的时候是一个自然人，自然人的特点之一是以自我为中心。比如，几个月的孩子想什么时候哭就什么时候哭，深更半夜也是如此，他不会考虑别人还要睡觉。教育工作的一个重要任务，就是要让孩子逐渐走出自我中心，成为一个社会人——讲规则、懂礼数、能忍耐……这样的人才会具有现代社会所必需的契约精神，才能在社会上立足、生存、发展。

小雄就是一个高度自我中心的孩子。在他的眼里，没有别人，没有规则，自己一时的好恶便是行为的最高准则。通过访谈我们得知，他的这一特点完全是不当的家庭教育塑造出来的。在家里，小雄是绝对的一号人物。所有好吃的，都是他先享用。喜欢吃的东西，其他人都不吃，让他吃。别人正看着电视，他跑过去就换台，看他的儿童节目，也没有人反对。和邻居家小朋友在小区里玩，发生点小冲突，奶奶总是护着自家孙子，说别人家的孩子不好。严重的自我中心，把小雄锁定在一个封闭的世界里。一旦回归到正常社会，冲突与挫折便扑面而来。

第三个行为特征是时间感知落后和延迟需要满足落后。在小雄的心理世界里，只有现在，没有未来，从不考虑后果。他只关心此时此刻，无法了解朋友关系是需要时间的积累并且建立在分享和互惠的基础上的。而对于自己想要得到的东西，必须立即得到，等待对他来说是一种折磨，忍耐更是不可能的事情。这一特征直接造成他与社会环境的冲突，也造成了自身心理上的紊乱。

对小雄的训练，我们采取两种方式，一是脑电生物反馈训练，二是行为塑造训练。脑电生物反馈部分主要集中在听觉控制力与视觉控制力方面，我们主要讲讲在行为塑造方面所做的训练。

2. 通过观察学习，形成正确认知

这种观察学习有两种形式。

一是观察自己的行为。将小雄与同伴玩耍时，因破坏规则而被逐出团队的场景拍成视频，训练师和小雄一起观看、分析。让他认识到自己会被别人赶出来的真实原因——不是因为别人不友好，而是因为他自己破坏了规则。如果渴望和小伙伴们一起玩，那就不能破坏规则，眼前的场景就是最生动的教训。

二是观察别人的正确行为。在集体游戏中，由一名同伴做示范，进行角色扮演，小雄在一旁观看。第一步，示范者在一旁观看集体游戏，只看不参加。第二步，示范者主动与集体中的一员接触，主动与他们说话，所说的话与集体游戏有关。第三步，示范者请求别人允许他参加集体游戏，态度要诚恳，语言要准确。第四步，示范者承诺遵守集体游戏的规则。通过观察学习，让小雄知晓正确的行为动作是什么，错误的行为动作又是什么。

3. 走出自我中心，从家中做起

摆脱自我中心，从家中做起，从小事做起。

我们向小雄的父母建议，从训练开始之日起，在家里建立起新规则：分享与轮流。无论吃什么东西，全家人一起吃，小雄再也没有优先权。比如，妈妈削苹果，过去第一个都是给他，现在可不一定，也可以先给他，也可以先给别人，随机呈现，大家平等。

如果爷爷正在看国际新闻，那他就得等一等。开始时有些不适应，小雄又发脾气了，这时爸爸告诉他："你至少要和爷爷协商，征得爷爷的同意，然后才能让你看。当爷爷同意后，你要先说声'谢谢'，接下来你才可以换台，看你想看的儿童节目。"总之，要让孩子体验到，这个世界不是以他为中心的，大家都要共同遵守规则。

这种分享与轮流的规则要逐步向家庭外的其他人推进。亲戚家的孩子来玩时，也照此原则办理。有东西大家一起吃，一律平等。玩玩具时出现争抢现象很正常，处理方式是谁先拿到的谁先玩，不允许独自霸占，大家轮流玩。

这里有个细节要提醒一下，家长出于礼节，有时会对亲戚家的小朋友表现得特别关照。这也是不对的，既不利于别人家孩子的成长，也不利于自己家孩子的成长。没有特殊人物，共同遵守规则，是最好的教育与对待方式。

这条规则执行了一段时间后，在小雄的意识与潜意识中，观念都起了相应的变化：我不是什么特别的人，不可能什么事都如我所愿，以我为中心。

4. 训练忍耐力

先看一个经典心理学实验——“棉花糖”实验。20世纪六七十年代，斯坦福大学心理学家米歇尔（Mischel）招募了几百名四岁的儿童参与心理学实验。研究人员让孩子单独待在房间里，给他一颗棉花糖，并告诉他，如果能坚持15分钟再吃糖的话，会再给他一颗糖作为奖励。三分之二的孩子没有坚持到15分钟，有的孩子在房门关上几秒钟后就迫不及待地把棉花糖吃了，也有的等了1分钟、5分钟，甚至13分钟。只有三分之一的孩子忍到了最后，他们会看着棉花糖，不断往后推，甚至舔上一口，或者通过唱歌、踢桌子、闭眼睛来分散自己的注意力，直到研究人员回来。

这个实验最吸引人的部分，是研究人员对这些孩子进行了追踪和研究。他们发现那些能够为获得更多的棉花糖，坚持忍耐更长时间的小孩要比那些缺乏耐心的孩子成绩更优异，在集中注意力和推理能力上面的表现都比别的孩子好，抗压能力更强，更少地出现如犯罪、肥胖和吸毒等问题。

因此，心理学家提出了一个重大的发现：自控力，也就是延迟满足的能力，是决定孩子今后成就的一个关键因素。的确，忍耐力是自控能力最亮丽的一个指标，也是在这个世界上生存与发展的必备心理品质。前面说到，小雄有什么要求必须立即得到满足，否则就大吵大闹，这是忍耐力缺失的典型表现。

我们给小雄爸妈的建议是：当小雄对某个食品或某项活动提出需求时，家长提出两种情境让他做出选择。第一种情境：即刻得到满足，但数量有限；第二种情境：延迟得到满足，但可以得到更多的数量或更好的质量。这使小雄处于一种两难境地，也就是动机冲突状态。按照他一贯的风格，必须是随要随到，可是更多的数量、更好的质量也是一种诱惑。于是，在他思想斗争之时，加以引导，就会出现忍耐的意向。

说一件训练过程中发生的事。全家人正在吃饭时，小雄突然提出了要吃肯德基的汉堡。妈妈没有同意，对他说："饭已经吃了一半，再去肯德基不合适。"小雄顿时嚷了起来。妈妈接着说："如果你现在好好吃饭，晚上我们可以去必胜客吃比萨，还有意大利面。"比萨和意大利面是小雄的最爱，他当时就想去必胜客。妈妈说："这不可能！只有到晚上才能去。"由于比萨和意大利面的诱惑更大，也由于妈妈的态度十分坚决，小雄接受了妈妈的建议。这就是延迟满足的做法，可以让孩子从忍耐中获得更大的满足，有效地培养孩子的自控能力。

也可以创设一些情景让孩子训练忍耐力。当孩子在家提要求时，虽然可以立即满足，但不一定要立即满足他，不要让孩子的事永远处于优先地位。比如，孩子要你跟他去超市买东西，你可以对他说，等完成了手头的工作以后再和他去，或者说妈妈现在要休息一会儿，明天再去。学会等待，也是训练忍耐力的一种方式。

5. 训练交往技巧

不会交往与不想交往是两个截然不同的概念。小雄属于不会交往、缺乏交往技能的孩子，所以要训练他的交往技巧。

首先是教他学会倾听，学会听别人说话。在过去与人的交往中，小雄素来自说自话，甚至容不得别人说话，这成为他与别人产生矛盾冲突的一个重要来源。在训练中，训练师让他和小朋友们轮流说话、限时说话，每个人都有表达自己想法与意愿的机会，在别人说话时不允许打断别人。在同组孩子的训练游戏中，谁打断别人的发言，或者自己发言超时，谁的脸上就要贴一张纸条。谁被贴了3张纸条就要给大家服务一件事情，才能拿掉纸条。

另外，在倾听中孩子自始至终集中注意力，专心于对方的谈话，并通过点头、微笑、适时鼓掌等表示自己正在倾听，而且对别人的话题感兴趣。学会了“听”，能够做到有耐心地听别人说，交往的大门也就打开了。

其次是发展语言能力，学会说话。学会说话包括三个方面的内容：完整地表达自己的想法，准确地表达自己的态度，礼貌地表达自己的诉求或者拒绝别人的请求。在和不会交往的孩子长期接触之后会发现，他们的好意、善意常常因为表达的不准确或者不当而招来对方的误解，进而导致交往的失败。

我们让小雄妈妈经常对小雄进行这样的训练：

刚才你说的话我没听清楚，能再说一遍吗？谢谢！

你刚才对妈妈提出的请求能换种方式表达一下，让妈妈听得更舒服些吗？谢谢！

如果你刚才说的话再加上些礼貌用语，那就更好了，咱们试着再来一次？

最后是多给孩子提供独立交往的机会。别整天跟着孩子，让他独立与同伴交流。可以让孩子独自到邻居或亲戚家去找小朋友玩耍，也可以让和孩子年龄差不多的小朋友到家里玩耍，由孩子亲自做一回小主人。

在玩耍中会有矛盾和冲突，甚至吵架或打架，这都很正常，是孩子成长过程中的一部分，不用大惊小怪。家长不必用自己的好恶、道德观去判断孩子之间的是非与对错。让他们自己去直面问题，解决问题，渐渐地就能学会分享、交换、轮流、协商、妥协与合作。

6. 给小雄有限的选择

不守规则的孩子每天都会收到一大堆的指导意见，或者来自家长，或者来自老师，或者来自其他人。这不免让人感到心里有点烦，尤其是不守规则的孩子，多少都有点逆反心理，更难忍受这些来自成人世界的“教诲”。

有一种方法叫“有限选择”，即在给定的框架范围之内，由当事人进行选择，并做出决定。看一个案例，以便对有限选择有直观的认识。

一天晚上，儿子玩得正高兴，眼看九点半了，还不想去洗漱。我催了一遍又一遍：“赶紧去洗漱，都几点了，天天睡这么晚，明天早上又该喊困了……赶紧的！你听没听见？我都说了多少遍了！”儿子有口无心地答应着，迟迟不行动，直到我发火吼他，才不情不愿地去洗漱，相信这样的场景家长们再熟悉不过。

另一个版本，让孩子做有限的选择。我说：“我知道你不愿意去洗漱，还想玩一会儿，你是打算再玩 5 分钟，还是 10 分钟再去洗漱？”儿子想了想：“那我再玩 9 分钟吧。”我立刻同意：“好的。”9 分钟一到，我就提醒他，他虽然有点不情愿，但还是去洗漱了。整个过程，我没有再费口舌。

这是我第一次有意识地运用这个方法，心中暗暗吃惊，有限的选择真的管用。以往是我帮儿子做决定，由我来安排他的生活，几点睡觉，几点洗漱，他被动地接受或者抗拒。这次，我把选择权给了他，他由此意识到，洗漱睡觉是他自己的事。他没有再和我继续纠缠要不要洗漱的问题，而是开始思考怎么安排玩和洗漱这两件事，并自己做出了决定。

自主选择，让人感到受尊重，更愿意去执行；被强迫，即使是好事，也让人感到不爽，并产生抗拒。这就是人们常说的“强按牛头不喝水——勉强不得”。有限的选择，已经给定了框架，也就是说，无论是哪一种选择，其实都是符合规则的，教育者可以接受，而受教育者心里还有点乐滋滋的，觉得是自己做出的决定。

大约经过八个月的家庭训练，小雄的规则意识有了明显的提高，与人交往时的矛盾与冲突也大为减少。他的行为问题得到改善，小雄爸妈的一块心病解除了。

训练复盘

不守规则、不会交往的孩子，别人不带他们玩，也不被社会所接纳。自控能力差、高度自我中心是他们的表现，也是专注力缺失的典型表现。这些孩子需要观察自己的行为和他人的行为，通过比较知道自己的问题在哪里。在父母的帮助下，孩子需要走出自我中心，如在家里没有优先权，凡事要先和别人商量。适当地训练孩子的延迟满足能力，增强他们的忍耐力。训练孩子的交往技巧包括如何说话能让别人感觉舒适。给孩子有限的选择，并且把选择权交给孩子，这样他们也会觉得受到尊重，更愿意主动去做符合规则的事情。

第五篇

写给家长最后的话

对家长的重要提醒

1. 请始终保持对孩子的正向期待

心理学的研究表明：你强烈期待出现的事情或现象，是最有可能出现的事情与现象。

有实验为证，如罗森塔尔效应。1968 年，美国著名心理学家罗森塔尔（Rosenthal）和雅各布森（Jacobson），从小学一至六年级各选 3 个班的学生进行了“未来发展趋势”测验。罗森塔尔和雅各布森将一份学生名单交给了有关教师，并以异常肯定的口吻说名单上的孩子都有优异发展的可能性，虽然有的孩子并不像认为的那样优秀。鉴于罗森塔尔是著名心理学家，教师们从内心接受了这份名单。罗森塔尔又反复叮嘱教师不要把名单外传，声称如果外传的话就会影响实验结果的可靠性。八个月后，他们对这些学生进行复试，结果他们的学习成绩都有了显著进步，而且情感、性格更为开朗，求知欲望强，敢于发表意见，与教师的关系也特别融洽。

难道罗森塔尔和雅各布森真的有如此高水平的识人之术？非也！这只是他们进行的一次期望心理实验。他们提供的名单纯粹是随机抽取的，但教师们并不知道这些。受罗森塔尔的暗示影响，教师们认为这些学生很有发展的潜能，因而寄予他们更大的期望和充分的关注，通过眼神、笑容、音调等各种方式向他们传达“你很优秀”的信息。而学生给老师以积极的反馈，他们变得更加自信、自爱、自强，奋发向上的激流在他们的血管中汹涌，结果真的取得了很好的成绩。

在我们的家庭训练中，请家长朋友们始终保持对孩子积极的、正向的期待，少说些泄气的话，多看些孩子的进步与闪光点。别动辄与“别人家的孩子”比较，只要与自己的过去比有进步、有发展就是成功。

2. 是盟军，不是敌人

用最直接的语言，清楚地、明确无误地告诉孩子：我们所有针对专注力问题的教育与训练，不是和你做斗争，不是和你过不去，而是我们一起与分心、多动、冲动等行为做斗争。我们是盟军，不是敌人。

许多家庭教育的失败，是把斗争对象搞错了。本意是和孩子的错误行为做斗争，结果搞成与孩子做斗争。这样一来，亲子冲突不可避免地会产生，问题被扩大化了，就会越来越不可收拾。这样的家庭悲剧天天在上演，做家长的，千万别掉到这个坑里去。

父母应该用语言、行为，反复声明对孩子无条件的爱。不能让孩子有半点这样的感觉——因为自己有分心、多动、冲动的行为表现，所以他是一个令人讨厌的孩子，是父母嫌弃的对象。父母在任何时候、任何情况下，都要表现出对孩子无条件的爱。这种爱会让他们的心理更阳光、更健康；这种爱也是矫治专注力问题的巨大动力。

在与不专注的孩子交流时，要想建立起盟军关系，应遵循以下几条原则：

理解而非指责。我们已经知道孩子的不专注是由一系列的生理、心理以及环境教养等因素造成的，专注状态对于他们来说并非“不愿”，而是“不能”。既然如此，还有什么理由对他们横加指责呢？我们要理解孩子，还要把这个理解的信息明白无误地传递给孩子。孩子会因你的理解而在内心深处感到温暖，进而与你亲近。

帮助而非惩罚。盟军一定会提供帮助，在与孩子的交流过程中询问他们需要哪些帮助。尽可能地提供他们想要的帮助，只要不是替代孩子做他们自己该做的事情。

引导而非强制。被强制的感觉肯定不好，包括父母自己也是。如果是顺势而为的引导，就会让人舒服许多。其实，引导与强制的实质性内容可能是一样的，但表述方式不同，人心理上的感觉就大不一样。比如，孩子做作业拖拉，你想让他快点做作业，有两种表述方式。第一种（强制）：如果你不按时完成作业就别想玩。第二种（引导）：如果你提前完成作业，玩的时间就能长一些。换成是你，更愿意听哪一句？

3. 训练能力，比拼的是耐心

到我工作室来咨询的家长，都会问同样一个问题：你们的训练有效果吗？我会反问一句：你有耐心吗？只要你有耐心，训练就一定有效果，至多就是程度和速度不同而已。能力，作为一种心理品质，只能一点一滴地积累，一点一滴地改变。

与耐心相关联的是恒心，即持之以恒的态度。如果你已经决定对孩子的专注力进行训练，请不要抱有打酱油的心态，三天打鱼、两天晒网。有的家长说，好像效果不咋样嘛！再和他聊下去，原来他们家的训练是有空做做，没空不做。这当然见不到什么效果。

家长朋友们请注意，三天打鱼、两天晒网的另外一个不良后果是会让孩子认为，训练对他没用，那自己是没救了，于是自暴自弃便成了顺理成章的选择。

训练中要注意的事情

1. 不要擅自更改训练方案与规则

训练师制定的训练方案，都是有依据的，是根据孩子的类型与特点，选择最适宜的方法，在训练的量上也是有讲究的。至于训练规则，更是前人经验与教训的积累。家长作为非专业人士，请严格遵守训练方案以及规则，不要擅自更改。如果你觉得方案不适宜孩子，可以向训练师提出，经商量后由专业人士做修订。

2. 怎样评估训练效果

经过一段时间的训练，我们要对训练效果进行评估。现在大部分人的思维方式都是结果导向。传统思维中，训练了一段时间，家长会问：好了没有？有人说好了，有人说没好。即使对同一个孩子，也会有两种不同的评价。

为什么会是这样呢？因为他们用的都是主观指标，是一个笼统的印象。我们主张评估要用客观指标，最好是用家长自己可测定的、肉眼可见的指标。训练有没有效果，还是让数据来说话，数据是最真实，也是最客观的。

对于评估，有两件事需要提醒大家。

一是评估有三种指标：进步，达标，优秀。进步是在原有基础上的提高；达标是进入合格的水平；优秀则是超越85%的同龄人，达到较高水平。评估的首选标准应该是进步，只要是比以前有进步，即使还没有达到优秀的水平，甚至还没有达标，训练都应视为是成功的。这好比一个孩子原来考试只能得40分，后来经过训练得50分了，他还没有及格，离优秀更是十万八千里，但你必须承认他进步了，有希望了。不断地累积进步，接下来的目标才是达标。至于能不能实现优秀，那就看孩子自己了。

客观地说，实现优秀是小概率事件，尽管它也会发生。其实，如果本来存在着问题，我们能让它实现达标，就是一个成功的例子。每个人都有自己的短板与长板，不可能把自己所有的短板都变成长板，那是不现实的期待。

二是正确看待训练过程中的停滞或起伏状态。能力训练过程中的停滞或起伏有三种状态。第一种是短期内没有看到显著的效果并不是没有效果，训练的效果具有累积性，感到肚子吃饱的是第三个馒头，但没有第一个、第二个馒头行吗？第二种是训练开始阶段效果不错，但之后的进步不明显。这是遇上了“高原现象”，训练规律是前期效果明显，成绩直线上升，然后进入“高原期”，训练效果不见上升甚至还会少许下降。不过一旦突破了瓶颈，训练效果又会有一个新的跃升。第三种是出现反复，状态又回到原点。反复是解决心理问题的过程中不可避免的现象。反复是一种煎熬，也是一种磨炼，不经过煎熬和磨炼，良好的心理品质不可能固化下来，不良的心理品质也不可能自行退出。

辩证法告诉我们，事物的发展都遵循波浪式前进、螺旋式上升的基本态势。直接上升是虚假的幻象，是违反规律的空想。在训练孩子专注力的历程中，对于起伏或曲折，要有心理准备，在我20多年的职业生涯中，见过不少半途而废的家长，我感到惋惜，却又无可奈何。

3. 反思与奖励

评估完了之后是反思。

如果训练效果不好，首先要考察所使用的方法是否具有科学性。有疑问的话，要咨询第三方专家。或者方法本身并没有什么问题，但不适合于自家孩子，那就要换训练方法。

如果在训练过程中发现有副作用也要暂停，对训练方法及其副作用进行评估，如果副作用不在可接受范围内，也要考虑换方法。

即使看到了训练效果，也没有发现有任何副作用，同样要对整体的训练行为进行反思。还有哪些地方做得不好或是不够完善？一定有！我们要把这些地方找出来，在下一阶段的训练中予以改进，让训练效果越来越好。

在训练取得了效果之后，一定要给孩子奖励。奖励的目的是让孩子从前后对比的进步中增添信心，增强动力。阶段性目标达成后，奖赏应该及时兑现，这样愉快的感受才会和自身的努力紧密联系起来。奖赏应在看到实际成效后给予，而且奖赏不能太频繁，要有一定的进步空间之后才能给予。

给孩子一个奖励的同时，父母也给自己一个奖励。毕竟，进步的功劳也有你的一半，这么做也能提振自己继续努力下去的信心。